ちくま新書

死体は誰のものか

——比較文化史の視点から

上田 信
Ueda Makoto

1410

死体は誰のものか――比較文化史の視点から【目次】

はじめに――日常のなかの死体

†隠された日本の死体

現在の日本では、男女ともに平均寿命が八〇歳を超え、人生一〇〇年という言葉が飛びかい、少子高齢化の趨勢が、ますます顕著になってきている。

人口の年齢別分布を見ると、一九六〇年代のピラミッド型から、ずんどう型を経て、若年層が少なく、中高年が膨らむ提灯《ちようちん》型となり、将来は高齢者の比率が飛び抜けて高い逆ピラミッド型へと移行しようとしている。結婚率が低くなり、一生、独身のまま高齢になる人が少なくない。こうした状況を踏まえて、介護や高齢者の貧困などの問題が、取り沙汰される。その先に見えるものは、多死社会の到来である。

「死」というテーマについて考えようと図書館に赴いて、ジャンルを問わずに書架のあいだを駆け抜けてみると、「死」という観念、「死者」という人格について論じられた著作は、それこそ山のようにあることがわかるだろう。

文学において、人が「死去」する場面を描いている作品は、かなりの比重を占めている。哲学に関する書物は、観念としての「死」を取り上げているであろう。宗教に関する書籍にいたっては、ほとんどすべてのものが「死」をめぐって書かれている。歴史学や民俗学、人類学に関わる叙述の多くは、生者と「死者」との関係を論じている。しかし、その「死」の場面にある「死体」について語る書籍は驚くほど少ない。

テレビのサスペンスドラマ、戦争や犯罪を題材とする映画、あるいは『名探偵コナン』などの子どもに人気のある漫画やアニメでも、本物ではない死体が、これでもかとばかりに登場する。しかし、真の死体を日本で実際に目にすることはほとんどない。

先日、私の乗っていたJR中央線快速電車が、中野駅のホームにさしかかったときに急停車した。車内放送で「人身事故です」というアナウンスがあり、乗客の多くは「またか」といわんばかりにため息をつき、スマホを操作して勤め先や帰宅先に連絡を入れ始めた。

ホームの端に停車した列車の先頭では、駆けつけた駅職員、鉄道警察官が、ブルーシートを拡げ、現場を覆っていた。死体を扱う職務の担当者以外で、そこにあるだろう死体と直面した人は、列車の運転士だけであったようだ。彼だけが、その死体と向き合い、心に深い傷を負っていたのかもしれない。

そこで立ち止まって振り返ってみる。テレビのバラエティー番組でも、「死体」について、興味本位ではなく正面から論じたものは多くはない。偽物の死体と本物の死体とのあいだのこのギャップは、いったいなんなのだろうか。

†死体たちはどこへ行くのか

今の日本では少子高齢化が進み、これから「多死」社会の時代に入っていく。東日本大震災の後、家族・親族がことごとく津波にのまれ、引き取り手が明確にならない死体が多く残されたことも、今なお記憶に鮮明に残っている。

最近の報道によると、毎年およそ一二〇〇体の死体が身元のわからない状態になっており、警視庁管内の寺や役場などには、約三〇〇〇体のそうした遺体が安置されている。警視庁本部に置かれた身元不明相談室では、五名の捜査員が身元の特定のために専従している。この相談室の前身は、一九四五年に戦時下の空襲で亡くなった人の身元を調べるために作られたものだ。現在、相談室が扱う死体は、自殺者の割合が高く、身元につながる所持品が全く残っていない場合が多いという（「いつか必ず遺族の元に——あなたは誰？　身元不明二万体と向きあう　専従捜査員、地道に照合」『日本経済新聞』二〇一九年二月四日）。

遺族が明確でない「死体」、換言するならば、「遺体」とはなりえない「死体」が、今後、ますます多くなっていくことが予測される。私たちはそこにある死体を、ありのままの「死体」として受け止め、見きわめる必要があるのではないだろうか。

現代日本における死体をめぐる状況の一端は、鵜飼秀徳《うかいひでのり》のルポルタージュ『無葬《むそう》社会』（日経BP社、二〇一六）に示されている。最初に取り上げられている現場は、川崎市の遺体ホテル「そうそう」。死後、葬式や火葬をするまでのあいだ、遺体を預かり安置する民間施設である。

建設計画が持ち上がったとき、死体が運び込まれることに対する漠然とした忌避感から、周辺の住民から強い反対の声が上がった。運営者側が丁寧に説明を行い、施設ができあがり、混乱が収まると、月に二〇〇体の遺体が運ばれてくるようになったという。

日本ではかつて、人が亡くなると、その死体はしばらく自宅に安置され、通夜も自宅で営まれることが一般的であった。私の父方の祖父が一九七〇年代に死去したとき、祖父の家の襖《ふすま》を取り除いた畳敷きの居間に、棺に収められた彼の遺体が置かれていた。鼻の両穴に綿が詰められていたことを、なぜか鮮明に覚えている。

しかし、現在の都市部では、遺体を自宅に置くことは難しい。一つにはマンションでは、棺を置くスペースを確保できないからだ。また、住宅地に遺体を運び入れようとすれば、近隣の住民からの苦情を覚悟しなければならないだろう。こうして置き場に困ってさまよう死体が、この「遺体ホテル」に運び込まれるのである。

この施設の名称「そうそう」は、「葬送」と「葬荘」とを兼ねたネーミングだという。後者の「葬荘」という造語は、漢族社会に見られた「義荘《ぎそう》」という死体の仮置き場を連想させる。この死体ホテル「義荘」については、本書の第二章で取り上げるキョンシーをめぐる話題のなかで、あらためて紹介することになる。

実は『無葬社会』の存在を知ったのは、日本ではない。台湾出張の際に立ち寄った書店で、台湾の国語に翻訳された『無葬社会』を手に取ったのが、この著作との出会いだった。少子高齢化、そして来たるべき多死社会という重い課題は、日本だけが直面する問題ではない。台湾でも韓国でも、そして一人っ子政策の結果、急速に高齢化が進むこととなった中国でも、死体にどのように向き合ったらいいのか、人々は悩み始めている。

死体を目の前にしたとき、多くの社会はそれぞれの伝統的な慣習に基づいて、死体と向き合ってきた。しかし、これからの時代、従来の慣習では対処できない事態に遭遇する可能性は少なくない。

多死社会に向かいつつある社会において、私たちは、遺族が確定できない数多くの死体と対面することになるだろう。また価値が多様化する時代において、死後の自らの身体の処理のあり方を、慣習の枠、社会通念、伝統的習俗の枠を越えて考えなければならないだろう。本書では比較文化史という視点から、私たちは死体にどのように向かい合ったらよいのか、その手がかりを探っていきたい。

中国では死体をめぐり、日本ではまず考えられないような事件が起きる。「そこにある死体」とは何か、まず日本人の常識を揺さぶってみたい。次いで、なぜそのようなことが起きるのか、その答えを求めて、漢族の文化を掘り下げていく。

比較という知的な作業を進めるうえで、心がけなければならないことがある。必ず三つ以上の対象を比べることだ。二つだけだと、「ある」対「ない」の議論で終わってしまい、下手をすると異文化を排除する口実を用意することになりかねない。

よって本書では、第二、第三の対象として、チベット族の死体に対する作法、ユダヤ教とキリスト教の死体観を紹介する。そして多文化を比較し合う視点が準備できたところで、日本人の死体観を、古代から現代までたどることにしよう。現代の死体については、民法学者が提起した学説を歴史的に跡づけ、さらに臓器移植と死体との関係についても紹介する。こうした探索を経た後に、私自身がたどり着いた死体観についても述べてみたい。

†本書の構成

第一章では、中国貴州省《きしゆう》甕安県《おうあん》で二〇〇八年六月に起こった、「甕安騒乱」と呼ばれる、死体をめぐる公権力と民衆との衝突をきっかけとし、中国における死体による恐喝や抗議行動などから見えてくる独特の死体観について考える。

第二章では、中国の死体をめぐる儀礼に注目する。ここでは儒教の伝統に基づいた儀式を分析し、その儀式が誤った形で行われた際、死体が恐ろしい存在となることを示す。その例として、「キョンシー」というキャラクターで有名な映画『霊幻道士《れいげんどうし》』などを取り上げる。

第三章では、チベットにおける「天葬」と「水葬」という二つの特徴的な葬儀、そしてチベットに古来伝わるポン教の悪魔祓いの儀式「チャム」を取り上げ、生の循環を大切にするチベットの人々の死生観を浮き彫りにする。

第四章では、ユダヤ教とキリスト教の死体観について考える。ユダヤ教独特の死体の洗い方や、キリスト教に見られる「復活」の奇跡、「最後の審判」のときに死体がどうなるかなど、この二つの宗教の根幹にある死体観を読み解く。

第五章では、日本人がどのように死体を扱ってきたかを問いなおす。『古事記』に記されたイザナミのゾンビ化に始まり、各地に見られる「もがり」と呼ばれる風習。古典落語での死体の扱い方など、様々な例をもとに、日本人の死体観を考える。また、本章の後半では、死体をめぐる様々な裁判の判例を紹介し、死体が誰の「もの」なのか、という本書のタイトルにもなった問いを追求する。

本書では、中国、チベット、ユダヤ・キリスト教、日本の死生観を、多種多様なエピソードや例と共に比較分析している。そして、私たちが「死体」に対して持っているイメージや感覚が、決して普遍的なものではないことが浮かび上がってくるだろう。本書が、誰もが頭を悩ませる「死」の問題を考える際の一助となれば幸いである。

第一章 武器としての死体——中国

1　死体と公権力

†中国で死体と出会う

日本ではよほどのことがない限り、遺体になる以前の死体を見ることはない。その一方で、一九八三年から二年間、中国に留学していたとき、私はしばしば死体を見ることがあった。

留学時代に付けていた日記を読むと、南京大学に到着して五日目、市内散策のさなかに出会った死体について、次のように記されている。

関中門《かんちゆうもん》。人だかり。橋の上と下。警官が二名、小舟に乗り、川底を探っている。ゴミが引っかかる度に、人だかりから笑い声。赤と白の警棒を持ったものが、船に乗って見物しようとするものを押し戻す。三時半頃、死体が上がり、護岸にそのまま放置された。一七、八歳の女性。投身自殺だろうか。

また、留学二年目に旅した四川《しせん》省の路上で遭遇した死体については以下のように記されている。

成都《せいと》の近くで交通事故があった。人が群れ集まり、交通が渋滞している。現場をバスで通過したとき、車窓から死体を見た。すでに血の気の失せた腕、頭をやられたのであろう、顔だけにズタ袋が掛けられており、そこからペンキのような赤い血が路面に流れ出ていた。自転車に乗っているときに耕耘機《こううんき》と接触して倒れ、頭を打ったのだろうか。バスの運転手が言うには、二〇歳過ぎの青年であった。

現在の中国では、おそらくこうした死体に出会うことは稀であろう。しかし、一九八〇年代の中国では、遺体となる前の死体と出会う機会が多かった。

もしこうした出来事が日本で起きたならば、駆けつけた警官がすぐに死体をブルーシートで覆い、現場検証を始めていただろう。その一方、中国では死者の親族が現場に駆けつけるまで、警官も手出しはできず、死体はその場に置かれたままにされる。それはなぜなのだろうか。

†死体による抗議

中国における、死体と警官などの公権力との関係を端的に示す事件が、二〇〇八年六月に貴州省甕安県で発生した。これは「甕安騒乱」と呼ばれ、中国ではよく知られた事件である。事の次第を端的にまとめている「維基百科《ウェイジバイク》」に基づいて、その概略を述べておこう(https://zh.wikipedia.org/wiki/「甕安騒乱」、著者訳、二〇一八年五月閲覧)。

六月二二日深夜〇時二七分、甕安県公安局に緊急事態の発生を伝える知らせが届いた。西門河の土手の橋で河に人が飛び込んだという。未明三時、一六歳の女子中学生である李樹芬《りじゅぶん》が、叔父の李秀忠《りしゅうちゅう》などによって河から引き上げられたものの、救急要員によってすでに死亡していることが確認された。一一〇番通報をした三名の青年は警官に連れて行かれた。

その日の午前、死者の父親らが派出所に出頭して事情を問いただすと、公安局の刑事により「李樹芬は自ら投身して水に入って死亡したもので、その場に居合わせた三名の青年とは関係がない」と告げられ、公安局は親族に死体を埋葬するように要求した。これに対して死者の父親らは納得できないとして、法医による鑑定を求めた。

その晩、公安局刑事部の科学捜査課の法医が現場に到着して、検視を行った。李樹芬の死因は自殺ではないとして、少女の親族は死体を冷凍棺に収めて事件現場に安置し、その付近の民家から電線を引き、竹竿と幌《ほろ》を用いて小屋掛けして冷凍棺を覆った。そのとき、六、七十人がその棺を取り囲んでいた。法医は検査を行い、李樹芬は溺死《できし》であったとの結論を出した。それに対して親族は、その検視は「懐中電灯で通り一遍に照らしただけだ」として、より上級の黔南《けんなん》州の公安局に再度の検視を求めた。このときに、少女は二人の青年に強姦された後に首を絞められて殺され、河に投げ込まれたのだ、という噂が広がり始めた。

二五日、黔南州公安局は法医を派遣して、第二次の検視を行った。翌二六日に結果が公表され、強姦の可能性を否定した。この頃になると死体を収めた冷凍棺を取り囲む人の数が増し、甕安県の共産党委員会の書記の甥《おい》が元凶だ、凶行に及んだ二人の男は現地の派出所長と親戚関係にある、元凶は県の副長官の息子だ、死者の叔父や祖父母が訴えに出向いたところ何者かに殴られ、病院に入院しているなどと、噂に尾ひれが付き始めた。

事件直後にネット上に出ていた記事には、このときの様子を写した写真が掲載されていた。川辺に小屋掛けされた冷凍棺は結露し、ガラス越しにぼんやりと少女の死体の顔を見ることができる。人々は列を作ってその姿を見ようと集まり、親族側が記した掲示に見入っていた。

†埋葬を拒否する親族

六月二八日の朝、公安局は李樹芬の親族に、「死体処理督促《とくそく》通知」を出し、そのなかで李樹芬は「みずから河に飛び込んで溺死した」「死因はすでに明らかとなっており、その死体を保存し続ける必要はない」とし、午後二時前に親族に死体を引き揚げて埋葬するように要求、「拒否する場合は、公安機関が法に基づいて処理する」と記されていた。公安局のこのような対応に、その場に居合わせた人々は不満を募らせた。

死体の引き揚げ期限を過ぎた午後三時頃、冷凍棺の周りにいた数十名が隊列を組んで県政府に請願しに動き出した。隊列が進むにつれて、加わる人が増えていった。李樹芬が生前に通っていた中学校の前に来たとき、多くの学生が横断幕を掲げて加わり、隊列の人数は二〇〇人を超えた。さらに県政府のビルに到着したときには、一〇〇〇名を超える規模となった。

県政府では対応する人がいなかったため、隊列は午後四時前後に公安局のビルに向かった。公安局の門前で警戒線を張っていた警官が、学生の手から横断幕を奪い取ると、その場に居合わせた人々は激怒した。このとき、現場に集まった民衆は、二万人に達していたとされる。そして、四時三〇分に衝突が始まり、公安局の建物が焼き討ちにあったのである。

この焼き討ち事件には、実は根深い背景があったとされる。当時、甕安県政府の幹部と民衆とのあいだには、長期間にわたる軋轢《あつれき》が鬱積《うっせき》していた。ダム建設に伴う立ち退きや、市街地の再開発に伴う家屋取り壊し、石炭や燐鉱石《りんこうせき》の採掘権、国営企業の改革などをめぐって、不満を持つものが少なくなかった。

一部の共産党幹部は闇社会の勢力と結託して、異議を申し立てた人々を暴力によって黙らせていたという。死亡した少女の親族が襲われて入院しているというデマは、同じような暴行事件が多発していなければ、発生しなかったであろう。こうした日頃の不満が、少女の死体を目の前にして、一気に暴発したということになる。

中国の地方政府が進めた、民意を無視した開発政策の矛盾を示す事案として、この「甕安騒乱」を取り上げることは、もちろん可能である。しかし、ここで問題としたいのは、事の発端が、親族が埋葬を拒否し、公共の場に安置された死体であった、という点である。親族が死体の処理を拒むという事例は、過去に遡ることができる。

2 死体放置事件の背景

†郷政府門前の腐臭

一九八八年夏、河南《かなん》省民権《みんけん》県程庄郷《ていしょうごう》の郷政府の門前は、腐臭に包まれていた。ことの次第は、次のようなものである（「文有結束、残酷殴打蔡発旺的有関責任者受到査処」『農民日報』一九八九年七月二三日）。

民権県はその年、極度の日照りのために夏小麦の収穫量が平年の四一パーセントにまで落ち込んだ。程庄郷程東《ていとう》村の農民で六八歳（当時）であった蔡発旺《サイハツオウ》の家では、わずか三五〇キロしか収穫できなかった。これは平年の収量の四分の一にも満たない。しかし、郷政府はノルマの四〇〇斤（二〇〇キロ。一斤は五〇〇グラム）あまりの供出を強要、一家七人の農家に残された穀物はわずかに三〇〇斤ほど。とても一年を持ちこたえられる量ではない。

夏小麦の政府買い上げに際して、蔡発旺が供出に応じられないと申し立てたところ、郷政府の幹部および警護係に殴打された。この仕打ちに対して蔡発旺は、自らの首をくくることで応じた。七月一二日のことであった。

「蔡のじいさんが〈抗糧《こうりよう》〉（政府買い付けを拒否すること）して、郷政府に殺された」。

この知らせは、瞬く間に郷じゅうに広がった。供出穀物の取り立てに不満を持っていた民衆は、郷政府の役場に押しかけて、騒ぎ、わめき、罵《ののし》り、叫んだ。蔡の妻と子は、郷の共産党委員会の書記を捕まえ、周囲の群衆とともに袋叩きにし始めた。県から派遣された人員が群衆のなかに割って入り、なんとか書記を救い出すといった状況となった。

その日の午後、小雨のなか、蔡発旺の親族は彼の死体を役場の書記の執務室まで運び込み、仮眠用の寝台に横たえた。時はまさに炎夏《えんか》。死体は腐敗し悪臭を放ち始めた。県政府は遺族の説得に当たり、真相を究明することを約束し、七月二五日に埋葬するという同意を取り付けた。

七月二五日の早朝。郷内の村々の農民は、棺桶が通過する予定になっていた街道に繰り出して、幾重にも取り囲み、「買い付けに応じなければ人を殺すのか、爺さんが浮かばれないぞ」と叫び、何者をも通させない気勢を示した。棺桶は役場に押し返される結果となった。

七月二七日夜、県・郷・村の幹部たちは事態収拾のため、人を雇って蔡の遺族や村民に知られないうちに、死体をトラクターに積み、密かに蔡の村の墓地に向かわせた。村を通過しようとしたときに、幹部たちの試みは蔡の妻の察するところとなる。妻は娘を墓地に向かわせ、自分は村人に知らせに走った。

トラクターが墓地の入口にさしかかった。

「お父っ」

蔡発旺の娘が泣き叫び、トラクターの前に飛び出し、行く手を阻んだ。そこに知らせを聞いた村人が、手に棍棒《こんぼう》などを持って駆けつけてくる。雇われた男は、トラクターをその場に止めて逃げ出した。

その翌日。蔡発旺の家族は死体の入った棺桶を載せたトラクターを、郷政府の役場の門扉の内側に乗り入れ、トラクターのタイヤの空気を抜く。その後、この棺桶の前に祭壇が設けられ、線香や紙銭が焚かれ、四十九日の儀式が執り行われた。

†異議申し立ての社会的背景

その後、死体はどうなったのか。

棺桶はそのまま二六〇日間、役場の門扉を入ってすぐのところに置かれた。

この事件が表沙汰となると、共産党河南《かなん》省委員会は、調査し、解決をはかった。死者の親族に対しては、丁寧な説得工作が行われた。委員会は埋葬費用および死体を据え置いた期間に親族側に生じた経済的な損失を支給し、さらに遺族の生活の面倒をみることも約束した。問題の原因を作った郷政府の役人には、処罰が加えられた。郷の党委員会書記は免職されたうえ、厳重な警告処分を受け、蔡発旺を殴打した警備員は解雇された。

そうしてようやく、蔡発旺の死体は、遺体として親族の手によって埋葬されたのである。

ここに紹介した事件を、私たちはどのように理解したらよいのだろうか。

社会背景を考えるなら、社会主義のもとで農村社会を集団化するために組織されていた人民公社が一九八三年以降に解体され、国家の農作物の強制的な買い付けが強化されるなかで、地域社会の末端行政機関の腐敗が進行したことが挙げられるだろう。農民が国の買い付けに応じて作物を供出しても、手形しか発給されず、しかも手形を換金しようとすると、難癖《なんくせ》をつけられて拒否されるという〈白条《はくじょう》〉（空手形）が横行していた。

日照りのために収穫が大幅に減ると上級機関である県政府に訴えたが、県はとにかくノルマを達成することを求めるだけであったと、事件の一方の当事者である郷政府の党書記は供述している。郷政府としては、農民からの取り立てを強化したのも、致し方のないことだったのだという。その結果、農民たちの抵抗も激化せざるを得なかった。

こうした解説は、一つの背景説明にはなろう。しかし一方で、農民の異議申し立ての場に、死体が置かれているという事実がある。そこにある死体を、私たちはどのように理解したらよいのだろうか。

3　死体放置事件の系譜

†死体を使って人を欺く

蔡発旺の死体をめぐる事件の要点は、生産した穀物の供出を拒んだ農民が不遇の死を遂げ、行政機関に対する異議申し立ての手段として死体が用いられた点にある。農民側は死者の遺族を軸に据えて、死体の埋葬をボイコットすることによって、抵抗の意志を行政機関に示し、それに対し行政側はなんとか死体を埋葬しようと躍起になっている。社会的な弱者が強者と向かい合うときに、死体を切り札にして戦っていたのである。

こうした事件を理解するために、人類学者なら、中国やその他の諸文化のなかから、参照すべき事例を引き出してくるだろう。一方、歴史学者なら、文献に登場する言葉に着目して多くの史料を検索し、同じカテゴリーの言葉が出てくる箇所を重ね合わせることで、理解しようとするだろう。

参照したり検索したりして、文化と歴史のなかから出来事を発見する作業は、「事件の連想術」とでも呼ぶことができよう。伝播《でんぱ》と受容、原因と結果、起源と発展などの枠組みで関連づける前に、関連しそうな事例をとにかく収集する手法が「連想術」である。

私がこの蔡発旺の死体をめぐる事件の顚末《てんまつ》を新聞で読んで連想したのは、大学時代、東洋史を学んでいたとき、演習授業で取り上げられた一つの史料であった。

一九世紀前半の清代《しん》、黄河と長江とに挟まれた淮安《わいあん》では、小作農民の〈抗租《こうそ》〉(小作料不払い)にほとほと困り果てた地主たちが、地方政府に抗租禁止条例の発布を求めていた。一八二七年にようやく公布された「計開詳定規条《けいかいしょうていきじょう》」の第一項目に次のよう記載があった。

悪賢い小作農は、毎年きまった額の小作料を納めることになっているのだから、当然、小作契約書どおりに全額を納めなければならない。ところが、悪賢い小作農は小作料を横領しようとたくらみ、地主が督促に来ると、気性の荒い妻をそそのかして大騒ぎさせたり、病気の親を自殺させたりと、あらゆることをして地主を陥れる。

濃厚な塩水を飲んだり毒をあおったり、首をくくるなど、様々な方法で自殺を図る。こうして嘘をまことに転じ、その企みを遂げて人を欺《あざむ》くので、大事件を引き起こしてしまう。こうした悪習は天も人も憤るところであり、法においても許しがたい。当該の小作農は〈架命図頼《かめいとらい》〉(人殺しだと称して他人を強請《ゆす》る)という咎《とが》で重罪として処断すべきである。(『江蘇《こうそ》山陽《さんよう》収租《しゅうそ》全案《ぜんあん》』、日本語訳は谷川道雄・森正夫編『中国民衆叛乱史四――明末~清I』平凡社、一九八三を参照した)

この史料からは、小作農と地主との対決が、死体を挟んで展開しているという事態を見ることができる。そして、この事態は取り締まる側からは「架命図頼」、あるいは単に「図頼」と呼ばれていたことが明らかとなる。

†「図頼」の法的な取り締まり

こうした死体を用いた恐喝を取り締まる法的な根拠は、清代の刑法にあたる『大清律《だいしんりつ》例《れい》』巻二六「刑律《けいりつ》・人命《じんめい》」に収められた「子孫および奴婢《ぬひ》を殺して人に図頼する」に求められる。

およそ祖父母・父母が子や孫を故意に殺害し、あるいは家長が奴婢を殺して、人に図頼するものは、杖《じょう》七〇、徒《と》一年半。子孫がすでに死んだ祖父母、父母(の死体をもって図頼するものや)、奴婢が家長の死体をもって人に図頼するものは、杖一〇〇、徒三年。……尊長がすでに死んでいる卑幼《ひよう》(の死体をもって図頼し)、あるいは他人の死体

　をもって人に図頼するものは、杖八〇に処する。

「杖」とは中国伝統の刑罰の一つで、長くて太い扁平《へんぺい》な棒で受刑者の臀部《でんぶ》を叩くというもので、手加減をしなければ死に到らせることもできる。「徒」とは流刑《るけい》のことで、遠く辺《へん》鄙《ぴ》な地方に強制的に移住させられる。行った先で、強制労働が待っていることもあった。刑罰の比重をみると、尊属が卑属を殺して図頼したものは、卑属が尊属を殺《あや》めた事例よりも軽い刑罰となっている。

清代の刑法で図頼が一般的な殺人と並んで列挙されているということは、親族を殺害までして死体を作り、みずからの要求を押し通そうとする事件が多発していたことをうかがわせる。奴婢と家長とのあいだにも、家族に準じた関係が存在しているという社会的な通念が存在していたことも、この条文から読み取れるだろう。

清代の地方官が執政の参考書とした『福恵全書《ふくけいぜんしょ》』は、「刑名部、人命」の項目のなかで、

　病が久しくて自殺したものについて訴状を捏造《ねつぞう》し、死体を移して図頼をして、金銭をだまし取る。

と図頼について次のように具体的な事例を挙げている。

†死者の親族を騙る人々

清代のはじめ、浙江《せっこう》省で地方官の顧問になった魏際瑞《ぎさいずい》は、次のような通達を出している。この通達からは、清初の混乱した状況のなかで、暴力に裏付けられた図頼が横行していた様子をうかがい知ることができる。

死体を借りて略奪することを厳禁し、もって大きな害を取り除くこと。調べたところ、人を殺したものに対して、国には刑罰があり、人命事件には罪が贖《あがな》われないものはない。しかし、浙江の凶悪な人は、病死した死体を借りたり、歳月を経た棺を持ち出したり、あるいは別件で溺死・自殺・服毒した死体にかこつけたり、仇《あだ》をたばさみ故意に殺害したりして、図頼をすることで、命に関わる大事件をひき起こす。

いずれの場合でも、先に告発することはなく、凶徒を率いて刀を振り回し、棍棒を振りかざして、大声を出しながら略奪・暴行を行う。また雇い人や養女・養子が病死したり自殺したりすると、無頼漢《ぶらいかん》や兵隊くずれが親族だと偽り、殴り込み、強奪していく。弱い民は安心して生きていくことも、また死ぬこともできないありさまである。
（『四此堂稿《ししどうこう》』巻一、「禁借尸搶擄《きんしゃくしそうりょ》」）

こうした図頼が最も激しく行われた地域が、福建省《ふっけん》である。その具体的な様子を詳細に述べている記録があるので、少し長いが引用しておこう。

民間で首つり・身投げ・自刃《じじん》・服毒で死んだものが図頼の口実となることは、漳州《しょうしゅう》・泉州府《せんしゅう》のどこでも同じである。詔安《しょうあん》県では道に死体があったり、道に餓死者があったりすると、その姓名が不明であるにもかかわらず、死者の親族と称するものが、湧き出てくる。赤の他人である死体に向かって「お父さん」と呼んだり、「お兄さん」と呼んだりして、大声で泣き叫ぶのであるが、その涙がどこから湧いてくるのか、不思議でならない。あるいは死者に古くからの仇がいたなどと言い、これがその古傷だと言って死体の傷跡を指し示す。役所の捕り方・地回り・下役・兵士が結託して悪事を働くので、愚直な民は安心できない。

そもそも人情をもって深く結ばれているもののなかで、父子の関係ほど親密なものはない。それにもかかわらず、ただ利益のためだけに、父が子をみずからの膝下《しっか》に殺すことがある。さもなければ、親族のなかで老衰して身体が不自由なものや、病気にとりつかれて生きる意欲を失ったものを殺す。

あるいは貧乏人の子どもや乞食《こじき》を買ってきて、衣食を与え、困苦《こんく》を救ったようにして、実子のように扱う。これを〈作餉《さくしょう》〉(めしのたね)という。金持ちに恨みを持ったり、恨みはなくても尋常な方法では得られないものをなんとしてでも手に入れようと思ったりすると、この作餉を自分の手で殺し、相手の村までその死体を担いでいく。はじめは「晩に出たまま帰ってこない」と偽り、それから「こんなところで死んでいた」と言って、泣きながら「だれそれが私の子を殺した」と罵り始める。金持ちはその声を聞くと、〈訟師《しょうし》〉(三百代言《さんびゃくだいげん》)が介入してくることを恐れ、金を渡して示談《じだん》にしようとする。恐喝《きょうかつ》する側は満足がいかなければ、すぐに裁判沙汰にするのである。

(陳盛韶《ちんせいしょう》『問俗録《もんぞくろく》』巻四、詔安県「作餉」)

ここでも恐喝の一つとして図頼が行われている。利用される死体は多様であり、実際の親族だけではなく、行き倒れの死体、さらには図頼のために養われた子どもの死体まで含まれる。ここで注目しておきたいことは、死体の来歴は多様でも、図頼を行う側は、その死体が自分の親族であると主張するという点である。

†裁判に精通した「訟師」の暗躍

この記述を読むと、図頼する側は「訟師」と呼ばれる裁判に精通した知識人の助力を得て、裁判に持ち込むと恐喝し、図頼された側は、裁判沙汰になることを恐れて示談に応じるということがわかる。訟師は訴状などの裁判に必要な種類を作成でき、さらに役所のなかに人脈を持っている。訟師の助力がなくては、図頼を試みても、成功はおぼつかない。

また、以下は江蘇《こうそ》省で起きた嫁殺し事件についての記述である。

丁王氏《ちょうおうし》は性格が荒いために、夫の丁懐斉《ちょうかいさい》と折り合いが悪く、舅《しゅうと》の丁万盛《ちょうまんせい》の喜ぶところではなかったが、しかし、憎むところまではいっていなかった。深く憎んでいたわけではないのに、どうして嫁を絞め殺して恐喝しようとしたのだろうか。恐喝して得た金銭を、別に嫁を娶《めと》る費用に充てようと思ったからであろう。

丁万盛は丁王氏を殺した後、その死体を谷義圃《こくぎほ》の門前の池に投げ込んだ。その動機は図頼を行う口実を作るところにあった。しかし、次の日には何ら挙動しておらず、谷義圃もその門前の池で女の死体が浮いていることに気づいていながら、見て見ぬふりを装った。(中略)

恐喝を考えていた丁万盛が、殺人の後も全く姿を見せず、何事もなかったかのようであったことは、まことに不可解である。（『撫《ぶ》呉《ご》公牘《こうとく》』巻一二）

この事件では、丁万盛は図頼は行わなかったが、親族のなかで立場の弱いものを殺害し、その死体が図頼に用いられるという具体的な過程を踏んでいる。彼が図頼を考えていながら実行できなかった理由として、裁判の進め方を知る訟師から助力を得られなかったということが想定できる。死体が図頼の切り札として有効性を発揮するには、訟師の存在が欠かせなかったのである。

訟師の役割を示す事例として、次のようなものがある。

取り調べたところによると、葉華《ようか》は悪辣《あくらつ》な人物である。以前から陸耀《りくよう》と口論をして仲が悪かった。耀の弟の陸振《りくしん》もまた両者の確執にかかわり、本年の四月一三日の夜に葉華の便所で、自ら首をくくろうとした。（中略）葉華は訟師の酈名世《れきめいせい》の教唆《きょうさ》を受けて、死体を用いて悪事を考えた。（『守禾《しゅか》日記』）

この事件では、訟師が図頼をそそのかしている。

訟師の主な人材供給源は、官僚となるための科挙《かきょ》試験の階段を途中まで登りながら、断念したドロップアウト組である。彼らは文章を巧みに練り上げ、役所に出入りすることもできた。こうして役場の下役のなかに顔見知りをつくり、裁判の手引きをさせた。様々な事件に介入したり、手加減するようにと役人へ口利きしたり、民間の出来事を裁判沙汰にしたりすることで、収入を得ていたのである。

図頼を防止する要点は、訟師の活動を抑制することにあると、官憲の側はみていた。しかし、訟師を取り締まろうとしても、さほどの効果を上げることはできなかった。訟師の弊害が大きかった福建省では、一七七二年に次のような条例が出されている。

訟師は影を捉え、風を捕らえて訴状をでっちあげ、裁判沙汰にする。ひとたび死者の親族が現れると、これはチャンスだとばかりに介入してくる。

悪事を企むものと結託し、親族のなかで余裕のあるものの姓名を訴状に書き並べて脅す。想いが遂げられれば、その名を訴状から除く。もし欲を遂げられなければ、さらに名を書き加えて告発する。

甚《はなは》だしい場合には、真犯人を捨て置いて、犯人の親族のなかで豊かなものを選び、それが真犯人だと名指しし、様々な手を使って誣告《ぶこく》するぞと恐喝する。また死者の親族が善良であったとしても、役場の下役が「だれそれの名前を書き入れなさい」と教唆し、あいだに入って利益が上げられるように仕組むのである。(中略)

訟師および教唆したものを厳しく追及し、法を尽くして処罰すること。願わくは悪質なものがこの警告を知り、この悪習がやまんことを。(『福建省例』巻三二、「健訴《けんそ》」)

こうした条例が出されたにもかかわらず、死体を用いた恐喝は後を絶たなかった。

†「図頼」した側もされた側も裁かれる

官憲は図頼にどのように対処したのであろうか。この問いに対して、中国史を専攻する三木聴《みきさとし》が、図頼事案に対する判決文に基づいて解答を出している。その要点を紹介することにしたい(三木聴「伝統中国における図頼の構図——明清時代の福建の事例について」『明清福建農村社会の研究』北海道大学図書刊行会、二〇〇二)。

一六九七年、中国の年号では清朝が繁栄期にさしかかった康熙《こうき》三六年、福建省の上杭《じょうこう》県での事例である。

地主が小作料を滞納していた農家に、滞納分の支払いを要求し、その年に納めた穀物を容れてきた竹籠を返さなかった。農家の女房が地主の家に掛け合いに出かけるが、地主の家の者に竹棒で追い払われた。憤慨《ふんがい》して帰宅したその女房は毒をあおり、地主が小作人から取り立てた穀物を収蔵していた蔵に再び赴いて、そこで絶命した。遺族は「強姦殺人」の罪状で役場に地主を告訴した。取り調べを行った地方官は、地主が竹棒で女性を殴打したことがことの発端であると認定し、地主には杖で打つ刑罰を科し、さらに死者の夫に対して埋葬に必要な費用を支払わせるという判決を下した（王簡庵《おうかんあん》『臨汀考言《りんていこうげん》』巻九、審讞《しんげん》）。

次は、一八世紀初頭（康熙四〇年代）、湖南《こなん》省岳州《がくしゅう》府の事例。

小作農が地主と収穫を刈り分ける約束をしたが、農民がまず稲を刈り取る。その後、地主が奴僕《ぬぼく》を派遣して小作料の支払いを求めたところ口論となり、頭に血が上った小作農が服毒自殺を遂げる。その息子は夜、父親の死体を地主の門前に運び、地主が父親を殺害したのだと告発する。裁判の結果は、誣告《ぶこく》だと認めながら、父親の死を情状酌量《じょうじょうしゃくりょう》して息子の罰を減軽して徒刑を免除し、地主には埋葬の費用として銀を小作農側に支払うことを命じた（『趙恭毅《ちょうきょうぎ》公自《こうじ》治《ち》官書《かんしょ》』巻一七、讞断《けんだん》）。

最後に、一九世紀半ば（道光《どうこう》二〇年代）江西《こうせい》省泰和《たいわ》県の事例を紹介しよう。

小作料を滞納した農民が、地主に土地を取り上げられ、別の耕地に換えられた。新しい土地はやせていたにもかかわらず、小作料は減額されなかった。農民は地主の門前で首をくくり、自殺した。死体を発見した地主は、難を逃れようとして、死体を家の裏に隠すが、死者の妻に発見されるところとなる。妻は一族の力を借りて、死体を再び地主の門前に運んだ。役人はこの事件の解決にあたって、自殺した農民の家族に埋葬銀を支払うように地主に命じた（沈衍慶《ちんえいけい》『槐卿政績《かいけいせいせき》』巻三、「判牘《はんとく》二」）。

小作料を払おうとしない農民から、地主が無理に取り立てようとすると、しばしばそこに死体が出現し横たわる。

歴史家の三木によると、この三つの事例の共通点は、死体を門前に置かれた地主の側が、埋葬費用を死者の親族へ支払うように命じられていることだ。そして、図頼という違法行為自体への懲罰は、相対的に軽微なものになった。つまり、図頼した側だけが一方的に処罰されるのではなく、図頼された側も何らかの責任を負わなければならなかったのである。

なぜ図頼をされた側も、責任を負うことになるのだろうか。

第二章

滞留する死体
——漢族

1 死体をめぐる儀礼

†死への準備

二〇〇八年に公安局焼き討ち事件の発端となった少女の死体、一九八八年の納税拒否に登場する老人の死体、さらに清代に頻発していた「図頼」事案に登場する老若男女の様々な死体。時代を飛び越え、地域をまたぎ、武器としての死体が登場するのはなぜなのか。

現代の中国において、公権力に対する弱者の武器として死体を用いた人々は、清代の図頼の事例を知っていたわけではない。過去の事例を書籍で学んでいたわけでもない。つまり現代と過去とを直接に結びつける媒体を、そこに見いだすことはできないのである。

それにもかかわらず、彼らが例えば清代の山陽《さんよう》県の小作農民と同様の抵抗の作法を行うことができたのはなぜなのか。ここであらためて「そこにある死体」に、立ち返ってみなければならないだろう。

通常の死体は、漢族社会のなかでどのように扱われてきたのだろうか。

中華人民共和国のもとで、伝統的な死体をめぐる儀礼は、封建的な古い要素だと決めつけられ、変容を余儀なくされた。ここでは、まず社会主義政権が成立する前の儀礼について、一九八五年に私が浙江省で行った聞き取り調査の記録を掲げてみよう。次いで、ある文化人類学者が、共産党の政策が及ばなかった香港で行ったフィールドワークの成果を紹介したい。最後に古典に見られる理想としての葬儀について、概観しておこう。

まずは私自身のフィールドノートから紹介しよう（拙稿「村に作用する磁力について——浙江省鄞県勤勇《ぎんけんきんゆう》村（鳳渓村《ほうけいそん》）の履歴」橋本満、深尾葉子『現代中国の底流——痛みの中の近代化』行路社、一九九〇）。

私は浙江省山間部の村で、社会主義政権成立前の葬儀について、聞き取りを行った。それによると、経済的にゆとりのある家の老人は、生前に「寿材《じゅざい》」と呼ばれる柩《ひつぎ》用の木材を買い整えたという。漢族の柩は、日本の棺桶とはまったく異なり、分厚い材木で造られる。農暦六月初一日、木工職人を家に招いて、柩を造らせる。その日は、彭祖《ほうそ》の誕生日だとされる。彭祖とは、古代中国の帝王・堯《ぎょう》の時代から殷《いん》代の末まで、およそ七〇〇年を生きたとされる伝説上の長寿者だ。さらに、吉凶を占う「算命《さんめい》先生」を招いて、墓を造る日取りをきめる。

日取りが決まると、準備が本格化する。手に載るほどの小さな陶磁器の器に油を満たし、白いロウソクと二四枚の銅銭を用意し、風水（後述）の見立てに従って選んだ土地に穴を掘り、これら三つの物を入れ、石板でふたをして土を盛る。外見上は、本物の墓と全く同じだ。生前に造られるこのような墓は、「寿墳《じゆふん》」と呼ばれる。一ヵ月後、酒と料理を携えて寿墳に赴き、山中に墓を造り迷惑を掛けたと、山の神に許しを乞う。これを「安山《あんざん》」という。

柩と墓の用意が整ったら、自分の死後に残る死体に着せる「寿衣《じゆい》」の準備。帽子から靴までの一揃い。白色とは限らない。また、この頃に自分の名を刻んだ「神位牌《しんいはい》」を準備する。この神位牌は、日本の位牌よりも一回り大きく、戒名ではなく本名が記される。生前はむき出しで置くのではなく、赤い布の袋を被せ、その上に名を記した。

†死後の儀礼

死期が迫る。遠地にいる親族を呼び戻す。

そして死。

残された死体の全身を洗い、理髪し、手足の爪を切り、寿衣を着せる。生前に用いていた布団などを焼く。

死体を持ち上げ、母屋の中心となる部屋に据えた寝台に移す。頭は東に向け、枕のように三つのレンガを入れる。死体を載せた寝台の前には白い布をつり下げ、白い布を掛けた四角いテーブルを置く。テーブルのうえに、香炉とロウソクを並べる。

近隣に住む親族は、連絡を受けると、紙で作った掛け布団を携えて死者の家に駆けつける。経を唱えられる村人が呼ばれ、一日じゅう経を唱える。その多くは高齢の女性だった。家のものは、麻の「頂巻《ちょうかん》」（たすきのような帯）を首に巻き、白紗《はくさ》を腕に帯び、白布で頭を包む。女婿は白い服を着る。近い親戚は、喪服にあたる麻の服に着替える。

以下は余談であるが、現在日本の喪服は、黒が一般的だが、明治のころまでは白が普通だった。また、日本の結婚式における花嫁の白無垢《しろむく》姿を見ると、漢族はギョッとする。頭を覆う白い角隠し、白無垢の着物は、漢族の喪服を想起させるからである。

閑話休題。死の翌日、死体を棺に移す。死者の身の回りのものと紙製の布団を棺のなかに一緒に入れ、その目録も添える。

棺に蓋をするときに、そのなかに米を撒く。蓋が置かれ、親族の代表者が釘を打つ。女たちの泣き叫ぶ声があたりを包む。打ち付け終わると、主な親族は棺のまわりを三周、反対向きにまた三周、回る。

翌朝、出棺。家の者と親族は白衣を着ている。親族のなかの若者四人が柩を担ぎ、家を出る。その一行は以下のような順で進む。

先頭に引魂幡《いんこんはん》を手にした二人の子どもが立つ。次いで、爆竹と銅鑼《どら》を鳴らす者が二人続き、その後に、手に神位牌と香炉を持った死者の女婿、前を行く女婿に日傘を差し掛ける子どもが続き、さらにその後に柩。最後に親族が、死者との関係に近い者が柩に近くなるように並んで従う。彼らはそれぞれ手に五〇センチほどの竹棒を杖のように突き、付き従う者は腰を折り、身を低くして「孝《こう》」の気持ちを表す。

一行が橋を通過するとき、死者の長男が柩の前に行き、柩に対して跪《ひざまず》き、他の息子たちは、肩で柩を支えるようにして、柩のなかの死者に対する敬意を示す。

葬礼の一行が墳墓《ふんぼ》に到着すると、まず豆腐を口にし、米を墓穴のなかに撒く。次いで豆がらなどを入れて火を点け、墓のなかを暖めてから、灰を取り除く。銅銭を模した紙銭を墓のなかで焼き、その灰を死体の頭の位置にまとめて置く。

墓掘男《はかほりおとこ》が手に死者の息子の衣服を持って墓のなかに下り、穴のなかで回りながら、めでたい話をする。最後に一行は、柩のまわりを三周、次いで反対方向に三周回り、死者との離別を惜しんだ後、柩を墓穴に下ろし、土をかけて土まんじゅうを作り、その上に引魂幡を突き挿す。

こうして死体は、現世の社会から送り出されるのである。

埋葬を終えた一行は、祖先を祀《まつ》る祠堂《しどう》に赴き、死者の神位牌を納める。こうして死者は、祖先の仲間入りを果たす。一行は神位牌に対して、三拝したのちに、腕に巻いた白紗以外の喪服を脱ぐ。

†死体儀礼の構造

文化人類学者のジェイムズ・ワトソンは、香港の村落社会で行ったフィールドワークに基づいて、中国の死体をめぐる儀礼は、一定の構造を持つようになったとする（ジェイムズ・ワトソン編、西脇常記ほか訳『中国の死の儀礼』平凡社、一九九四）。

香港に村落があるというと、どこに、と思う方もおられるかもしれないが、九龍《クーロン》半島側には新界《しんかい》（ニューテリトリーズ）と呼ばれる区域が存在している。アヘン戦争後の南京条約で一八四二年にイギリスに割譲《かつじょう》された香港島、アロー号事件の後のすったもんだの末に結ばれた北京条約で一八六〇年に割譲された九龍のほかに、一八九八年に「香港を防衛するために必要だ」と、イギリスが強引に清朝から九九年間という期限付きで借りた租借《そしゃく》地、それが新界である。

九龍の割譲区域から北、深圳《しんせん》河以南の土地と、現在は国際空港が開設されているランタオ島など、二〇〇あまりの島嶼《とうしょ》からなる。そこには、伝統的な農村・漁村がかつては存在していた。社会主義の影響が及ばない新界は、文化人類学の格好のフィールドとなっていたのである。

話は脇に逸れるが、新界を期限付きでイギリスに貸したことは、中国人のしたたかな策略であったかもしれない。返還期限が迫ったときに、イギリス首相のサッチャーは、対応を中国政府と協議せざるを得ない状況に陥った。割譲された香港島などは、返還する義務はなかった。しかし、新界をもがれると、後に残る割譲地「香港」は、ライフラインが寸断され、維持できなくなる。協議が難航すれば、将来に不安を感じた資本が香港から流出してしまう。そして、窮地に立たされたイギリス政府は、香港をまるごと中国に返還せざるを得なくなったのである。中国は、一〇〇年単位で思考する。この点は、私たちも肝に銘じるべきであろう。

さて、ワトソンによれば、死体をめぐる儀礼は、次のような段階的な構造を持っていたという。

第一段階――「哭《こく》」など嘆きの表現を用いて、死を公告する。その役割は主に死者の家のなかの女性が担う。哭には形式があり、高い音程で発声され、近隣の人々に死がその家に訪れたことを広く知らせる。

第二段階――服喪する範囲の親族が、麻の白衣を身につける。

第三段階――死体を沐浴《もくよく》させ、死体の衣服を交換する。

第四段階――生者から死者へ食物・物品を移送する。死体が置かれた場所で、死後に用いられる物品の紙模型・紙銭などが焼かれ、食物は供物《くもつ》として献げられたのちに、参会者が食べる。

第五段階――死者の神位牌を設置する。死者の「魂」は神位牌に記された名前で表されることになる。

第六段階――葬礼の費用を、葬儀の専門職である道士や楽士《がくし》、死体処理人などに支払う。儀礼を執り行う専門職への支払いは、儀礼として行われる。

第七段階――死体を移動させる。そのときには必ず嗩吶《さない》(チャルメラ)、太鼓、擦《さつ》(シンバル)などの楽士で構成される楽団の音楽の演奏が伴う。

第八段階――死体を棺に納め、密閉する。棺を封印するための釘打ちには、儀礼的な手順がある。一般的に喪主か地位の高い招待客が行う。

第九段階――共同体から棺を運び去る。棺は喪服者と隣人の行列を伴いながら運ばれ、村や町の境界を越えたときに、儀礼の公式的な手順は完了する。

死体からは「邪気《じゃき》」が発散している。その邪気は死体のまわりの人や物を汚染すると考えられている。死体を安全に扱うためには、葬儀に参列する親族や隣人は、死者との関係に応じて、儀礼で決められた役割を担い、分散して邪気を自らの身体に引き受けなければならない。

さらに親族などでは吸収しきれない邪気は、道士などの専門職が引き受けることになる。こうした専門職には、彼らが共同体の一員ではないことを明確にするために、金銭を渡す。香港の新界での調査によれば、死体を扱う専門職に支払われる金銭は、埋葬の当日に銀行から引き出され、わざとらしい無関心さで、衆人が見守るなかでこれ見よがしに数えてから手渡されるという。

漢族の儀礼の中心的な主題は、死者ではなく「死体」である。

そして儀礼の主役は、死者の親族である。

親族のなかでも、死者に対する祭祀《さいし》を引き継ぎ、それに応じて遺産の分与にあずかる「継承《けいしょう》」と呼ばれる人が、死体をめぐる儀礼で中心的な役割を担う。

親族は死体を安全に送り出す手順を知らないことが多い。その欠《けつ》を道士が埋める。道士は葬儀の手順を指図し、もし親族が間違った場合には、すぐに修正する。しかし、儀礼の主要な局面、例えば棺に釘を打つ場面などは、道士ではなく親族が主役を務めることになる。

†儒教の「大伝統」

私が浙江省の村落で聞き取りをした葬儀の事例、ワトソンが香港新界でのフィールドワークの成果を整理した事例は、それぞれの時代と場所で受け継がれてきた伝統である。文化人類学の用語では、「小伝統」の範疇に入る。一方、漢族文化の根幹として受け継がれてきた儒教の経典から導かれてくる規範は、「大伝統」ということになる。この大伝統のなかで、死体はどのように扱うべきものなのだろうか。

儒教に関する書物は、それこそ汗牛充棟《かんぎゅうじゅうとう》、普通の書架では収まりきらないほど多いだろう。そうした儒教の本質をあえて一言で表せば、「序列を決める作法の体系」となる。

森羅万象、あらゆるものには上下の序列があらかじめそなわっている。その原理原則を明らかにし、その序列に従って互いに譲り合って動いていけば、そこに自《おの》ずと秩序が生まれる。その序列は、宇宙の星々から国家間の関係、さらには社会や家族など、ありとあらゆるところに立ち現れ、そしてそれを支える原理は共通するはずだ。そういった信仰が「儒教」であり、その序列を明らかにする営為が「儒学」だということになる。

儒教の考え方によれば、対等な関係というものはありえない。対等な者同士が向き合うと、互いに優劣を競い合い、争いが生じ、秩序が崩れてしまう、そう考える。対等な者同士が契約を結んで秩序を形成するという西欧的な発想法とは相容れない。

この序列の規範は、死体と向き合うことになった死者の親族同士の関係に求められる。

こう考えたのが儒教の始祖である孔子であった。

孔子は巫女《みこ》の子として生まれたとされる。彼の母親、あるいは母親が属していた職能集団は、おそらく葬儀に深く関わっていたと考えられている。幼少の頃の孔子の遊びは、葬式ごっこ。葬儀の対象となる死者をいろいろと想定して、死者と関わりがある人々が、死体を埋葬するまでどのように動くべきか、空想のなかで様々にシミュレートする。どのように動けば、遺族同士が衝突することなく、なめらかに事が進むのかを考える。こうした遊びのなかで、人々のあいだの序列を読み取る力を養ったのである。

白川静《しずか》は次のように述べている。


孔子はおそらく巫祝者《ふしゆくしや》のなかに身をおいて、お供えごとの「俎豆《そとう》」(儀礼に用いるまな板と容器)の遊びなどをして育ったのであろう。そして長じては、諸処の葬礼などに傭《やと》われて、葬祝のことなどを覚えていったことと思われる。葬儀に関する孔子の知識の該博さは、驚嘆すべきものがある。(白川静『孔子伝』中公文庫、一九九一)

儒教における葬礼は、「喪・葬・祭」の三つの部分からなる(姚永輝《ようえいき》『中国的葬礼』南京大学出版社、二〇一四)。「喪」とは、死体を埋葬するまでの段階で、そのすべてを死者の親族が取り仕切る。「葬」とは、死体を埋葬する際の儀礼と墳墓の規格に関する規範。そして「祭」とは、死者に対する供養に関する規範である。死者を取り上げるのではなく、死体を論じようとする本書にとって、これら三つの部分のなかで、「喪」が検討の対象となる。

†儒教における「喪」の儀礼

喪は次のような段階を経て、進行する。

臨終《りんじゅう》が近づくと、家の中心となる部屋に、臨死の身体を移す。

そして、死が訪れる。

まず行う儀礼は、「復《ふく》」。すなわち招魂《しょうこん》の儀礼である。

漢族は古くから、人の霊は「魂《こん》」と「魄《はく》」から構成されていると考えた。魂は精神活動を司り、軽くて死ぬと肉体から遊離してしまう。これに対して魄は五感を司り、喜怒哀楽などの感情の原動力であるが、重くて死後も肉体にとどまるとされる。

人が息を引き取ると、親族は残された死体のもとで、遊離してしまった魂を呼び戻す儀式を行う。死者の生前のその人となりと深く結びついた衣服を親族が身にまとい、母屋の屋根に登って北の方角に向かって、「××よ〜、帰ってきておくれ〜」と続けて三回、長々と声を張り上げる。魂が死者の衣に憑依《ひょうい》したとして、中庭で待ち受けている親族がそれを受け取り、死者のもとに駆けつけ、死体の上に衣を掛ける。もし、この儀式を行っても死者が蘇らなければ、招魂は失敗となり、次の段階に移る。

死体の硬直が始まる前に、後に控える「飯含《はんがん》」の儀礼が行えるように、死体の口内の歯のあいだに「角柶《かくし》」と呼ばれるスプーン状の器具を差し込み、口が開くようにしておく。

死が確定した段階で、死者と関わりのある人々へ、逝去《せいきょ》したことを告げる案内を出す。それとともに、死者との親族関係の近さ遠さに応じて、葬礼における序列を確認する。弔問客が訪れる前に、死体を置いた寝台の前に帳《とばり》をめぐらせる。

「沐浴《もくよく》」の儀式は、葬礼のなかでも重要な一コマである。米のとぎ汁を煮立て、執り行うものは四名で、死体の頭髪を洗い、櫛《くし》で髪を梳《す》いた後に乾いた布で拭き取る。続いて身体を洗い清め、爪を切って死体を死者の生前の姿と同じようにする。最後に頭髪を束ねて桑《そう》材《ざい》の簪《かんざし》でとめる。桑材を使うのは、桑と喪との音通であるという。

続いて「飯含」の儀式が行われる。死後硬直が始まる前に開けておいた口のなかに、死者の身分相応の物品を入れる。儒家が儀式の拠り所とする経典『周礼《しゅらい》』の規程では、天子は「粱《りょう》」（ついて白くした米）の飯、諸侯は「稷《しょく》」（キビ）の飯、士大夫《したいふ》は「稲《とう》」（玄米）などと決められていた。漢代以後、葬礼が華美になると、様々な宝物を口のなかに入れるようになる。清末の西太后《せいたいごう》の場合は、巨大な真珠が飯含とされた。

沐浴と飯含が終わった死体は、「襲《しゅう》」の儀式のなかで、身支度される。布で頭を固定し、耳には綿が詰められる。靴が履かされ、衣服が着せられる。ここまでが、死去したその日のうちに行われる儀礼である。

†死体を包み込む二つの儀式

死の翌日。正式な衣服に死体を着せ替える「小斂《しょうれん》」の儀式を執り行う。ちなみに「斂」を訓読みすると「おさめる」と読む。小斂とは衣服のなかに、死体をおさめるということだ。このときには、死後硬直が進んでおり、手足を服に通すことは難しくなっている。そのため実際には、盛装の衣服で包み込むことになる。

小斂が終わると、喪主などの親族は、死者との関係の遠近の等級に見合った麻布の喪服に着替える。この段階から、儀礼的に泣き叫ぶ「哭」を始め、交替しながら棺に死体を入れる「大斂《だいれん》」の儀式が終わるまで続ける。儒教の古典では、「代哭《だいこく》」とあるが、これは後世のように他人を傭って泣かせるという意味ではなく、親族が交替して担当するということであったという。

死後三日。死体を棺のなかに入れる「大斂」の儀式を執り行う。前日の小斂が衣のなかに死体を納めるのに対して、大斂は棺のなかに納めることを意味する。婦人たちは死体の西側に立ち、東側に置かれた死体に臨み、喪主ならびに死者の父方の従兄弟の範囲に相当する近親者は、序列に従って死体の東側に立って西を向く。葬儀を補助するものが死体を持ち上げて、親族が両側から支えて、死体を棺のなかに降ろし、蓋をする。

大斂は葬儀のクライマックスである。この儀式を終えると、近親者は死者との親しさに応じた喪服に着替えるのである。死体を棺に納めてしまえば、埋葬は時期を選ばない。すぐに埋葬に移る場合もあるし、しばらく間を置くこともある。

その場合、死体を棺に納めることは、「殯《ひん》」と呼ばれる。宋代以降、埋葬の日取りの吉凶を重視するようになると、大斂の後なかなか埋葬されないようになる。風水を重視する地域では、墓地の適地が得られないために何年も放置される場合もあった。「殯」を訓読みすると、「もがり」となる。日本のもがりについては、第五章で検討する。

地域社会で行われる小伝統は、儒教の経典で示される大伝統に比べて、簡略化されていたり、仏教や道教などの影響を受けて、変容していたりするところも見受けられる。しかし、いずれの場合も、死者の親族が葬儀を主宰するため、僧侶や道士といった聖職者の出番はない。

親族以外のものが、死体に関わる儀礼を執り行うことはできない。すなわち、死体は死者の親族のものだということになる。

いくつかの共通する段階を経て、死体は生者の領域から取り除かれる。経典と実際に行われる慣習とのあいだで共通している段階を列挙すると、死体の沐浴と身支度の儀式、死体納棺の儀式、ということになろう。

2 危険な死体

†送り出されなかった死体

漢族の文化における「死体をめぐる儀礼」に特徴的に見られることは、死体を強く恐怖しているという点である。強力な邪気を発している死体は、きわめて危険である。危険な死体は、社会から送り出す必要がある。

死体が儀礼に従って滞りなく社会から送り出されれば問題はない。ところが、なんらかの事情で儀礼の段階のどこかで止まってしまった場合、その障害を何としてでも取り除かなければならない。

先に掲げたワトソンによる死者儀礼の九つの段階のうち、死体が滞留しやすい段階は、第四段階における供物を伴う場面、第六段階の専門職に金銭を儀礼的に支払う場面、第八段階の棺に釘を打つ場面、以上三つの段階である。

親族が貧しく十分な資金を用意できない場合、死体は第四段階か第六段階で滞留してしまう。また、死体を共同体の外に送り出すことに強い異議が挟まれたとき、死体は第八段階に留まり、埋葬地に移されることはない。こうした滞留した死体が、図頼事案を引き起こすことになる。

第四段階で死体を滞留させて、図頼を行うプロセスが、清代の地方志に記録されている。場所は観光地として有名な安徽省《あんき》は黄山《こうざん》のふもとである。

調査したところ黟県《いけん》では、人命事件が多い。

その原因は、ごく些細なことで、自ら命を絶ってしまうところにある。婦女が多いが、男子もときに自殺することがある。その状況を調べてみると、夫婦が不和であった、舅・姑に罵られた、他人と口論した、負債を払えなかったなどのために、憤懣《ふんまん》に駆られて、命を軽んじてしまうのである。哀れむべきところもあるが、実際は愚かにも死んだもので、一時の気の迷いに属することで、人に恨みを持ったためではない。

もし死者の親族が自殺の原因を探り、「威逼《いひつ》」（脅して死を逼《せま》る）の状況があるとする場合は、事実に基づいて訴え出て、調査・尋問を経て「律」に照らして判断し、上級官庁からの通達を待たなければならない。（中略）

死者の親族が人命事件にかこつけて強奪を行う場合は、「白昼に強奪した例」に照らして罪を決め、破損したり強奪したりした物品は、元の持ち主に返済させる。禁令を厳しくして、違反者を容認しない。

それでもなお凶悪な連中は、しばしば死者の親族であることを口実にして、男や女を数多く引き連れ、轎《きょう》（中国式の輿《こし》）に乗って押しかけ、死体を包む衣服を豪華にし、祈《き》禱《とう》を派手に行うための費用を強要し、供物とする衣服や食物を脅し取る。少しでも意に沿わないと、器物を打ち壊し、勝手に持ち去ってしまう。この状況は略奪と同じであろう。事に巻き込まれた家は、資産を売り払い、借金を背負い、ついには破産してしまう。（嘉慶《かけい》『黟県志』巻一一、「政事」）

一八〇九年に出されたこの布告では、死体の衣服を豪華にしろ、葬儀を派手に行えと要求して金品を奪い取るとあるところから、死体は供物を献げる手前で留まっていることがわかる。死体を屋敷から送り出すために、死者の親族側の要求を呑まざるを得ないのである。

供物を用意したり葬儀の専門家への支払いをしたりする第四段階・第六段階で死体が滞留しないように、香港新界においては貧しいものや身寄りのないものが死去したときに、宗族《そうぞく》の基金から必要な費用が支出された。そうした葬儀では、だれも喪主を務めようとはしなかったが、社会が死体に脅かされないようにするため、簡略ではあるものの、葬儀は正規の段階を踏んで執り行われた。

死者によるべき宗族もない場合でも、誰かが葬儀の費用を負担しなければならない。そうしなければ、危険な死体がその場に残ってしまう。そうしたときに、貧者の側が行った手段の一つが、図頼であった。

†徐文長というトリックスター

こんな民話が、魯迅《ろじん》の故郷・紹興《しょうこう》で語られていた。紹興は魯迅の弟の周作人《しゅうさくじん》が日本留学中に、日本民俗学に触れたこともあり、民話の収集が盛んに行われている。

むかし紹興に貧しい家があり、年の瀬に老いた父親が亡くなったが、葬儀を出す金銭がない。息子は近所の金持ちのところに行き、事情を話して金を借りようとしたが、その金持ちは一銭たりとも出そうとはしない。

息子は徐文長《じょぶんちょう》を訪ね苦境を話すと、徐文長は、「気をもむことはない。今夜、戌《いぬ》の刻にお父さんの死体を背負ってその金持ちの家に行き、その表門に寄りかからせておきなさい。後は私に任せて」という。

紹興の風俗では、年越しのときに各家々は、家の門を開いて菩薩《ぼさつ》を招く。金持ちの家でも、供物を用意しロウソクを灯して表門を開けると、なんと死体が転がり込んできた。そのとき徐文長が現れ、「あなたは金に困った貧乏人に貸さないばかりか、人殺しまでするのかね」と脅しをかけた。金持ちが言いがかりだと憤ると、徐文長は「それは奇なことだ。あなたが殺さないとすれば、どうやって死体が自らこの家にやってくるのかね」とたたみかける。

金持ちは、下手をすると裁判沙汰になると考え、しぶしぶ金を出し、死者の弔いを執り行わせた。（上城《じょうじょう》区民間文学集成辧公室《べんこうしつ》『中国民間文学集成浙江省杭州市上城区巻』一九八九年所収「移《い》戸救貧《しきゅうひん》」）

この民話に登場する徐文長は実在の人物で、本名は徐渭《じょい》（一五二一～九三）、紹興で生まれ、科挙受験を途中で放棄し、その才能で世間を渡り歩いた「はぐれ知識人」の代表格の一人、ということができよう。詩文・戯曲・絵画など様々なジャンルで業績を残した。倭《わ》寇《こう》対策で名高い胡宗憲《こそうけん》の私設秘書として、文章を代筆したことでも知られる。民間では、頓智《とんち》話の名手として、また世の常識を問いなおすトリックスターとして、多くの民話に「徐文長」の名前で登場する。

ここで取り上げた民話では、図頼をそそのかす訟師として、徐文長が登場する。官憲の側からすると、訟師は頭痛の種であった。しかし、訟師が常に悪辣であったかというと、そうとばかりはいえないだろう。地域社会のなかで起こる不正をただし、弱者を救うために訟師が活躍することも少なくなかった。中国史家は官憲側が残した史料をもとにイメージを組み立てるために、えてして官憲寄りの発想となりがちである。現在の中国で「政府の転覆を謀った」として拘束されている多くの良心的な人権派弁護士も、中国政府からすれば「訟師」ということになるのだろう。

†死体をめぐる実家と婚家との争い

他家に嫁いだ女性が死亡したとき、その死体は第八段階、つまり納棺する儀式のときに滞留する可能性がある。埋葬する前に必ず女性の実家側の親族が立ち会うという風習が、中国の各地にある。一般的には死者の兄か弟が呼ばれ、実家側の代表として死体を点検する。もし、死体に何か不審な点があった場合、嫁ぎ先の虐待で自殺したのではないか、あるいは命を絶たれたのではないかなどと疑い、実家側はその女性の死体を埋葬することを許さない。

実家と婚家とのあいだでは、様々な交渉が行われる。事情を説明して納得してくれればよいが、さもなければ慰謝料として金品をわたして事を収めることもある。下手をすれば、裁判沙汰にもなる。すったもんだの末に、実家側が納得したとき、ようやく棺に釘を打つことができるのである。

漢族社会において、嫁ぎ先で虐待された女性が自殺するとき、それは単なる当てつけではない。死後に自らの死体を用いて、実家が婚家に対して恨みを晴らしてくれるに違いない、といった確信を抱いているものと思われる。

†地方官と死体

清代の地方官にとって、図頼をどのよう取り締まるかは、頭痛の種であった。役人にとっては事件の白黒をはっきりさせるよりも、死体を挟んで図頼した側と図頼された側とのあいだのバランスを取ることが重要であった。

このバランスを取るための手段として、死体の埋葬費用の追徴《ついちょう》が行われる。その法的な根拠として、清代の法例に「威逼人致死《いひつじんちし》」(人を自殺に追い込むこと)という条文が挙げられる。その条文は以下のようなものだ。

およそ婚姻・田土《でんど》・借金などのことで、威勢をもって人に迫り、迫られた人が自殺した場合、犯人を審問して確かに恐るべき威勢があったならば、杖一〇〇とする。もし官吏や下役のものが公務でもないのに、威勢を借りて平民に迫り、その人が自殺した場合も、同罪とする。以上の二つの項目は、すべて埋葬銀一〇両を（犯人から）追徴し、死者の家に支給する。（呉壇《ごだん》『大清律例通考』巻二六「刑律《けいりつ》・人命《じんめい》」）

三木聰は、地方官が図頼の事件を「威逼人致死」の案件として処理する背景には、清代の裁判制度が存在すると指摘し、以下のように述べている。

殺人・自殺・死亡事故など一括して「人命」と呼ばれた事件が、一介の県知事では話にならず、基本的には皇帝にまで最終的に上がっていくものであったことも影響しているであろう。もし万が一、図頼だとして一方的に処理した後で、上級官庁や省の長官への控訴によって判決がひっくり返された場合、それは官僚としての功過《こうか》評定における汚点に関わるものであった。人命の場合、自ずと慎重にならざるを得ないのである。こうしたことも図頼事件を色々と勘案して、威逼人致死として処理し、埋葬銀を追徴して丸くおさめることにつながるのではないか。それがまた図頼を助長するということにもなった。まさに悪しき連鎖の環の出現である。（三木聰『伝統中国と福建社会』汲古書院、二〇一五）

†「理」よりも「情」を通す

しかしすべての地方官が、図頼に対して事なかれ主義の姿勢で臨んだわけではない。三木は清代の前半期一六九六年から一七〇二年まで福建省の汀州《ていしゅう》府に赴任していた王廷掄《おうていりん》という官僚が、図頼案件をどのように裁いたか、詳細に分析している。

王が赴任して一年のあいだに審理した図頼がらみの事件は、「指で屈するにたえない」ほど多かった。彼は上級機関への答申のなかで、図頼に対して厳罰で臨むことを主張した。ところが、実際に王が下した判決を詳しく見ると、「殺人など明確な人命事件を除くと、それが図頼の一環としてのあからさまな誣告であっても、結局のところは案件の背後に存在する「死」という「情」の問題が注視されることで、それが図頼・誣告として処断されることはきわめて稀だったのである。……王廷掄の意気込みも、まさに空回りに終わらざ

る を得なかった」と三木は結論づけている。

三木が挙げる「情」とは、中国社会の文脈では、けっして「なさけ」という意味ではない。中国の為政者にとって最も大切なことは、人民が不満を抱かないようにして、社会を安定させることである。そのために社会的な通念を認めることが求められた。この通念が「情」ということになる。官僚にとって重要なことは、法理を貫徹させることではない。史料では「風俗」と記される社会的な通念を、よりよいものに誘導することが、優れた官僚の要件であった。

裁判では常に、社会的な通念に応じて社会が抱えている危険を取り除くことが重視された。死体が死の儀礼のどこかの段階で滞留したら、社会は危険に直面する。危険な死体をすみやかに取り除くために、死者の親族の言い分が不当なものであったとしても、ある程度は認め、儀礼の段階を次のステップに進める必要があったのである。それは多くの場合、「理」を引っ込めて、「情」を通すということになる。

†検屍の徹底

地方官にとって実効性のある対策は、図頼に用いられそうな「危険な死体」について、事実関係をはっきりとさせておくというものであった。一七二七年に江西省《こうせい》で出された布告に、次のようにある。

命に借りて財産を脅し取ることは、必ず法の罰するところである。事件を捏造して訴訟をそそのかす罪は許しがたい。

しかし、しばしば厳禁したにもかかわらず、この悪風は今にいたるもやむことがない。これはみな、地方官が怠惰で軟弱であるからである。図頼をする人を死人の親族であるとみなして処罰せず、上級官庁に控訴することを恐れて、ほしいままにさせている。

検屍をしっかりと行っていないために、事件の認定が不確実になる。あるいはただ事を荒立てないために、軽率に事案を終わらせようとする。死者の親族が出した訴状を一枚見ただけで、ありがたいお札のように押し頂いて、一件落着としてしまう。

死者が恨みを含み、生者が累《るい》を被るも、顧みようとはせず「私は地方官である」とか「私は人民の父母である」などと、ふんぞり返っている。なんと嘆かわしいことか。人命事件のなんたるかを知らないことを恥じないとは。

このように地方官が危険な死体を放置している現状を、鋭く糾弾した後に、その対策を具体的に述べる。

まず細心に検屍を行うことを認識してさえいれば、刑事事件に発展させて弊害を招くことはなくなる。現場で確実に供述を取って、第三者の訟師の教唆を許さない。殺人事件の法律に対応するもので、法廷で審議すべき事案をのぞき、かっとなって自殺したり、泥酔や飢餓、病気や事故で死亡したりしたものは、現場から官憲に報告させる。状況のいかんにかかわらず、ただちに死者の親族を呼び出して、検屍に立ち会わせて事実をあきらかにする。その結果、別状がなければ、ただちに死体を親族に埋葬させる。

死体にかこつけて、傷を捏造して誣告したり、人から示唆を受けたり、あわよくば金品を手にしようと考えたりして、財産を恐喝しようとすることがあれば、厳しく審査し、首謀者・教唆者を追及し、それぞれ法に応じて処罰する。(『撫豫《ぶよ》宣化録《せんかろく》』巻三上)

この布告のなかで、図頼が後を絶たない理由は、地方官の「事なかれ主義」にあるとしている。その意識を変えることは困難であるとも認識しており、現実的な対応として、検屍の徹底を通達しているのである。死体から事実を明らかにし、裁判にかけるべき死体と、そうでない死体とを弁別し、問題がない死体は、親族に有無を言わせずに埋葬させる。これが図頼を防ぐ、唯一の方法であったのである。

†清代の死体と現代の死体

二〇〇八年六月に貴州省で起きた少女の死体から始まった事件、一九八八年の河南省における老人の死体をめぐる事件——これらの「事件」を理解しようとする作業は、連想で結ばれた多くの事件を収集するところから始まり、清代に盛んに行われた図頼と呼ばれる行為を発掘するに至った。

現代の二つの事件で出現した死体は、清代の文脈に置いてみると、明らかに図頼における「武器としての死体」である。しかし、歴史学の視座から一連の死体にまつわる事件を読み解くと、清代と現代とでは「事件」の展開の仕方が異なり、越えがたい断絶があることが明らかになる。

清代の図頼では、裁判が事件展開の軸となっていた。地方官訟師や事件の当事者たちの行為に影響を与えたテキストは、『清律《しんりつ》』の図頼と威逼人致死の例であり、知識人である地方官と訟師とがテキストを地域社会に結びつける媒介者として行為した。歴史学の視座から見ると、テキストが中国全域に地域差を超えて図頼を普及させ、死体を武器に仕立て上げたことになる。

一方、現代に起きた死体をめぐる事件は、裁判には結びつかず、行政的解決をもたらす結果となった。現在の中華人民共和国刑法にも威逼人致死に相応する条文が含まれているが、この事件では刑法は参照されていない。ここでは新聞記者の手になる記事が、中国共産党組織の対処を促している。清代には存在しなかったマスコミュニケーションが、事件展開の軸を変化させたのである。

新しい歴史学は「発展史学」という狭い領域から抜け出し、変化しないものにも注意を向けるようになってきた。しかしこの場合でも、「変化しないもの」がそれぞれの時代においてどのような位置を占めているのか、さらに問いかける必要があるだろう。武器としての死体をめぐる歴史学的分析は、清代と現代との相違を明示することで完結する。しかし、結論が時代の相違であるというのでは、努力の甲斐がない。

†正しい儀式からの逸脱

他方、人類学の視座から現代中国の事件を見ると、正しいとされる儀礼との関連に関心が向けられる。

河南省の事件は、死者の妻の泣き叫ぶ声とともに始まった。地方政府が死体を埋葬しようとしたとき、それを阻止しながら叫んだのは妻と娘である。この叫び声は、正規の儀礼における第一段階、すなわち親族のなかの女性による「哭」に相当する。蔡発旺の妻と娘は、「哭」することでその夫あるいは父の死体が、不正な手順で扱われていることを共同体全体に告げているものと解釈できる。

死体を取り戻した親族の側は、死体を郷政府の門口に置き、そこで儀礼の第二段階から第五段階までを進めた。この手順は厳密に正しく行われ、初七日から四十九日までの儀式も行われている。儀式は本来は死者の家あるいは村で行われるべきものであったが、実際に行われた場所は郷政府の門口である。正しい作法を本来とは別の場所でおおっぴらに行うことで、何か間違ったことが行われているということを、周囲の群衆に意識させているのである。

一連の儀式のなかで逸脱している死体は、第六段階の手前で滞留する。葬儀の過程を見る観衆は、蔡発旺の遺族と正しい儀式に対する認識を共有している。そのために、儀式の停滞という逸脱行為が何を指し示しているのか、群衆も読み解くことが可能になる。

「危険な死体」を社会のなかに滞留させている元凶は、郷政府である。共産党もまたその認識を共有しており、死体を社会から送り出すために、郷政府の幹部に処罰を加え、さらに親族に第六段階を踏み越えさせようとして、埋葬費用を支給したのである。

では、清代の図頼と現代の死体をめぐる事件とは、どのように関連しているのだろうか。一つの比喩をもち出すならば、「事件」とはジャズの演奏におけるインプロヴィゼーションのようなものである。インプロヴィゼーションとは、演奏の下敷きとなる原曲のメロディーを、その原曲に付けられているコード進行に基づきながら、演奏者がその場の感興の赴くままに、即興的に変容させて演奏することである。人類学が事件を支えているコード進行を、そして歴史学が事件当事者の感興を引き起こす演奏の場を、それぞれ分析することになる。

河南省の事件、つまり蔡発旺の死体をめぐる事件において、死体を郷政府の前に置いた農民たちは、図頼という方法で抗租を行った清代の農民と異なる歴史的環境のなかで闘争を進めなければならなかった。彼らが清代の図頼を知っていたとは考えられない。農民の側には訟師に相応する知識人は存在せず、死体を武器にする方法を教示してはもらえなかった。

彼らは死体を社会から送り出す正規の手順に対する社会に共通する認識があることを前提にして、正しい葬儀の段階からあえて逸脱することで、闘争の焦点を際立たせようとしたのである。

彼らの意図がはたして他の人々に読み取ってもらえるかどうかは、やってみなければわからない。したがって、これは一つの賭けであった。最初に行為の構造や型があるわけではなく、行為の結果、事後的に観衆と文化を共有していたことが確かめられるのである。そして、これらの事件の真ん中に、ものを語らない死体が横たわっている。

3 徘徊する死体

†白骨化しない死体「キョンシー」

正規の段取りを経て埋葬された死体は、その多くが時とともに白骨化していく。きれいな遺骨は、もはや危険なものではない。漢族が今も重視している風水の考え方（後述）によれば、骨は父祖から子孫へと流れる気を伝達するので、祖先の骨を風水のうえで好ましいところに埋葬すれば、大地を流れる気を、子孫のもとに届けてくれるものと考えられた。

ところがまれに、白骨化しない死体がある。これが「殭屍《きょうし》」または「僵屍《きょうし》」と表記される死体である。いずれも「硬直した死体」という意味である。標準中国語の発音ではジャンシーとなるが、香港で広く話されている広東語では「キョンシー」となる。そう、香港映画『霊幻道士《れいげんどうし》』にその祖型が提示され、多くの続編が撮影され、さらに台湾に飛び火、日本でも一時期に流行した、あのキョンシーである。一九八〇年代の後半に、日本の子どもたちも、身体を硬直させて飛び回って人を驚かせる遊びに興じていたものである。

日本では邦題の『霊幻道士』で知られているが、香港で公開されたときに原題は『殭屍先生』、英語のタイトルは『ゾンビ・マスター』となっている。香港などの中国南方では、よく知られた殭屍であるので、原題を示されれば香港の観客は何が映画の主題なのか、即座に理解できる。しかし、日本で殭屍といわれても、ピンと来る人はよほど中国伝統文化に通じた研究者ぐらいのものであろう。かといってゾンビ・マスターとなると、アメリカ映画のゾンビの印象に引きずられ、この映画独自の雰囲気が失なわれてしまう。その意味で、『霊幻道士』という邦題は、まさに傑作といってもよいと思われる。

この映画は、二つの異なる要素を含んでいる。その一つはまさにキョンシーなのであるが、これと並行して、死者の霊魂が生者に懸想《けそう》して取り憑くという、霊界と現世との交歓《こうかん》の物語が展開されている。後者は中国における古典的なモチーフで、「白蛇伝《はくじゃでん》」などで繰り返し描かれる。これもまたこの映画の魅力である。

香港で上映されたときの原題『殭屍先生』では、この悲恋の物語を包み込むことはできない。私の個人的な見解としては、『霊幻道士』というタイトルは、曖昧ではあるものの、死体・死者と現世を生きる人々とを取り持つ道士が主人公であることを暗示している点で、原題よりも優れている。よって以下、本書では『霊幻道士』と呼び、話を進めていくことにしたい。

映画『霊幻道士』は、漢族の伝統的な風俗習慣に取材しながらも、新たな要素を追加し、キョンシーのイメージを確立した。追加された要素は、ジョージ・ロメロが監督して一九六八年に公開された『ナイト・オブ・ザ・リビング・デッド（Night of the Living Dead）』から譲り受けたもので、徘徊《はいかい》する死体に殺されることで出現した死体は、同じように徘徊する、という「感染のルール」である。

ロメロのこの作品では、徘徊する死体はゾンビと名指しされてはいない。しかし、この作品から多くのゾンビ映画が派生し、『バイオハザード』シリーズなどの発展系の作品群も生み出された。キョンシー映画も、こうした流れのなかに位置づけることが可能である。しかし、その他の要素は、ゾンビ映画とはまったく異なる。『霊幻道士』では、徘徊する死体への対処方法が、漢族の伝統的な観念に基づいているのである。

†「義荘」の系譜

映画全体のストーリーは、ぜひ観ていただくとして、ここでは主要な場面を取り上げて、漢族の伝統的な要素と、新たに付け加えられた要素とに腑分けしてみよう。

冒頭のシーンは、薄気味の悪い建物、太い木材から切り出されたと思われる棺が、所狭しと並んでいる。登場人物たちの台詞から、この建物が「義荘」であることが分かる。

義荘とは、互助を行う機関が管轄する建物のことだ。その歴史は、一〇〇〇年ほど前の宋代にまで遡る。義荘は宗族を維持するうえで、重要な役割を果たした。それがなぜ生まれたのかを説明する前に少し回り道をして、漢族の親族に対する考え方を紹介しておく必要がある。

中国の歴史や思想を説明するときに、宗族という言葉がしばしば出てくる。多くの説明が、祖先から話を始めて子孫に及ぶことが一般的ではあるが、実はそのような方法では、そのダイナミックな動きは捉えられない。今も漢族の行動原理となっている親族観念を説き明かすには、今生きている人を起点として、過去へと遡っていく必要がある。

その原理の要点は、今を生きている人が、他者と安定的な協力関係を築くための戦略だということである。漢族の親族観念は、父方の祖先が同じと見なされる人同士は、協力し合わなければならない、というルールを保証する。

他者と安定した関係を結ぼうとしたとき、各自はそれぞれ自分の祖先を、まずは父、次いで父の父（祖父）、さらに祖父の父（曾祖父）と過去に遡らせていく。何世代か前、場合によっては十数世代も前に、一人の男性に行き着いたとしたら、彼らは同族だということになる。さらに、その男性から生まれ出た多くの人々が束ねられたときに、宗族という社会集団が形成されるのである。

今を遡ること三〇〇〇年ほど前、華北に漢族の文明の原型が形成されたとき、こうした親族のルールは、社会の上層に限られていた。その状況が大きく変わるのが、今から一〇〇〇年ほど前の宋代。わずかな土地を耕しているような人々のあいだでも、父方の親族関係を拠りどころに、強い絆を意識するようになり、宗族とよばれる社会集団が形成される。

こうした社会集団に属する人々のあいだでは、互いに助け合うことが当然のこととされるようになる。その相互扶助の拠点となる場所が、義荘ということになる。

時代が下り、今から三〇〇年ほど遡った清代中期には、同族だけを対象としない、外に開かれた義荘も現れる。相互扶助の慈善団体である。義荘は農地や賃貸家屋を保有し、それらの資産を運用して得られる資金を財政基盤とする。中国は一八世紀半ば、日本では江戸時代の中期に相当する清代に、人口が急増し始めるが、その理由の一つが、義荘のような社会的なセーフティーネットが整えられたことに求められる。

†世界中にある「死体ホテル」

さらに時代が下り近代になると、漢族は世界各地に移住し、それぞれの土地でコミュニティを形成する。そこでも義荘が作られた。こうした義荘の最も重要な役割が、その土地で死去した人が残した死体を、郷里の親族のもとに送り届けることである。

前節でも述べたように、死体は親族のものであり、親族が正規の埋葬にいたる段取りを遂行しなければならない。そのために客死した死者が残した死体を、移送する必要があったのである。

日本にも義荘がある。それが横浜にある中華義荘である。横浜が開港されると多くの漢族が日本に住むようになった。故郷中国へ死体を送還するまでのしばらくのあいだ、一時的に埋葬する場所が必要となった。そこで一八七三年に国有地の貸与を受けて、中華義荘が組織されたのである。その後、日本に永《なが》く住み、日本で生まれ育った世代が多くなるにつれて、一時的な死体置き場ではなく永眠する場所へと変わっていった。同じような組織は、アメリカのサンフランシスコなどにも存在した。

世界各地から中国本土に送り届けられる死体が集まった場所が、香港の東安《とうあん》義荘である。その最盛期の模様は、樋泉克夫《ひいずみかつお》の『「死体」が語る中国文化』（新潮選書、二〇〇八）に詳しい。現代化の流れのなかで今は見ることのできない義荘の一コマを、引用しておこう。

ここを教えてくれた友人が、たったひとこと「死者のホテルだよ」といっていたわけが初めて判った。

重そう戸を開けてなかを覗くと、暗やみのなかに無数の棺がみえるではないか。一瞬、背筋に悪寒が奔った。だが改めて目を凝らしてみると、ヒッソリと置かれている数多くの棺に圧倒され、なにやら畏敬の念すら覚えるから不思議だ。大小の荘房と骨倉には、遺体を納めた棺が五百ほど、それに千柱ほどの遺骨を納めた金塔・籠・棺などが所狭しと置かれている。

†普通の死体とキョンシーの違い

世界各地から死体が寄せられる「死体ホテル」と異なり、映画『霊幻道士』の冒頭で描かれる義荘は、こぢんまりとしたたたずまいだが、移送の途上にある死体を一時的に保管する中継点である点は共通している。道教の呪文を記した札を額に貼られた死体が、義荘の建物の奥にずらりと並んでいる。移送を請け負った道士が鈴を鳴らすと、死体は硬直しているためだろう、飛び跳ねながら道士に付き従っていく。死後硬直した死体がどのように動くのか、そのスタイルが確立される映画史上の名場面の一つである。

棺に入れずに死体を運ぶ業者は、実際に存在した。樋泉の前掲書によれば、「趕屍人《かんしにん》」と呼ばれた死体運搬業者が、死体を立たせたままその両脇に天秤棒《てんびんぼう》を通して、二人一組で道を急いだという。このイメージが、映画のなかでは死体そのものが、飛び跳ねて進むという場面へと発展したのであろう。

ここで確認しておかなければならないことは、祠《ほこら》に安置された死体や道士が連れ歩く死体はキョンシーではないということである。しばしば誤解されているが、一般の死体とキョンシーとは、映画のなかでも区別されている。

清代にまとめられた怪異小説集『聊斎志異《りょうさいしい》』には、次のような話が収められている。宿に部屋がないため、女の死体を安置する建物に旅人たちが寝る。死体が起き上がり、眠る旅人たちを次々に殺して、生き残った一人の男を追いかける。木の陰にいる男を捕まえようとして、死体は木に抱きつき、動かなくなった(『聊斎志異』巻一「尸変《しへん》」)。この女の死体も、実はキョンシーではない。

映画で大活躍する霊幻道士がその弟子に語る台詞では、死体は「死屍《しし》」と「殭屍」に区別されるとされている。前者は死者の郷里に送り届けられた後、埋葬され、白骨化して祖先として祭られることになる。ところが、殭屍は、埋葬されたあと何年経っても腐らず、白骨化しない死体なのである。

インターネットの解説などで、キョンシーはミイラ化した死体だと述べているものもある。これもまた、間違いである。キョンシーは屍蠟《しろう》化した死体なのである。

ミイラ化が乾燥した環境のなかで進むのとは対照的に、屍蠟化は水分が多く外気にほとんど触れない場所で進む。外気に触れないために、腐敗菌が死体に付かないのである。こうした場所に長いあいだ置かれた死体は、灰白色の蠟のような物質に変わり、さらに石膏《せっこう》のように硬くなる。横溝正史《よこみぞせいし》の代表作『八つ墓村』では、鍾乳洞《しょうにゅうどう》という高湿度の環境のなかで屍蠟化した死体が描かれている。

宋代に編纂された検屍のマニュアル本『洗冤集録《せんえんしゅうろく》』のなかで、「僵屍」となった死体をどのように処理して死因を明らかにするのか、その手順が明確に記されている。それによれば、熱い炭灰と水を含ませた布のあいだに死体を挟み込み、二時間ほど置いておくと、死体の皮肉が軟化する。その後に熱した酢を撒くと、損傷箇所の見極めがつくようになるのだという。

†風水における「穴」

『霊幻道士』に登場するキョンシーは、間違った方法で埋葬された死体である。埋葬された土地は、風水のうえで「蜻蜓点水《せいていてんすい》」と呼ばれる本来は埋葬の適地であった。映画の台詞では、この適地は「穴」と表現されている。そして、風水のポイントとなる穴には、風水師による、形状などに基づいた見立てによって象徴的な名称が与えられる。

映画に登場するこの「蜻蜓点水」という名の穴は、「トンボが水面にツンと尾の先を点けて、卵を産み付けるような形状のポイント」だという意味になる。産み付けられた卵からヤゴが生まれ、やがて水中で育って脱皮し、天空に飛び立つように、そこに祖先を埋葬すれば、その子孫たちは活躍の場を広げ、栄達の道を歩む。こういった象徴的な意味を、風水師が与えた名称は秘めているのである。

ここで、拙著『風水という名の環境学――気の流れる大地（図説 中国文化百華）』（農山漁村文化協会、二〇〇七）に基づいて、風水で語られる穴とはなにか、簡単に振り返っておこう。日本ではドクター・コパなどのインテリア風水が以前から流行してはいるものの、本来の風水論が秘めている壮大な時空を超越した発想が、見落とされがちである。

「穴」という用語は、風水論のなかで最も重要な用語の一つだ。この概念の起源は古い。漢方医学のなかで経絡《けいらく》のポイントとしても、「穴」という用語が使われていることを、鍼灸師の治療を受けた方は、耳にしたことがあるかと思う。

私は若い頃に、鍼灸師《しんきゅうし》の方に鍼治療の簡単な手ほどきを受けたことがある。「経絡」とは、西洋に由来する近代医学では捉えられない、身体に流れている気の通り道のことである。解剖しても、これが経絡だと見つけることはできない。しかし、鍼灸師に言われるがままに肩に置いた鍼の先が、皮膚の奥に明らかに感じられるポイントに刺激を与えると、突然、内臓が動き出す。そのポイントが、「穴」なのである。

鍼灸でその穴を刺激すれば、身体のバランスに影響を与えることを、経験から漢族は読み取り、体系化した。この医学の「穴」という概念も、元をただせば風水の原型になる古代の地理学に由来すると考えられる。身体を走る経絡を説明する医学の古典は、そのポイントを説明するために、地形を示す用語を使っている。このことからも、穴という発想が、まずは地理学に由来することをうかがうことができるのである。

風水論における穴とは、大地を流れてきた気が地表に噴き出すポイントだということになる。その気の流れる道筋は、「龍脈《りゅうみゃく》」と呼ばれる。風水師が穴を探すとき、地勢を見て龍脈の所在を大局的に捉え、ここらあたりと見当をつけたところを歩いて観察し、つぶさに見ることで、穴がおおよそどこにあるか見当をつける。そこまでの探索は、さほど難しくはない。風水関連の書物を多少でも読めば、素人の私にでもおおよその位置を察することはできる。

しかし、正確に穴のある一点を指し示すことは、熟達した風水師でも容易なことではない。穴のおおよその位置がわかったとしても、墓や家などを建てるときに、穴の上に正しく置かなければ、せっかく大地に溢れ出ている気を逃す。いくら風水を考慮したとしても、それでは効果をほとんど期待できない。

風水論にとって穴の重要性は、そのポイントを正しく見抜くことだけではなく、その形態から穴の吉凶を判断しなければならないとされるところにある。大地を流れる気が穴を統《す》べると一般的には考えられがちであるが、実は、穴が直接的に人の運勢を左右する。気が噴き出す穴の形態が悪ければ、人の運勢を悪い方向に導いてしまうのである。

龍脈から供給される気の力によって、体力や知力が人並み以上に優れているとしても、穴が清浄でなければ、力を間違った方向に用いてしまい、奸悪《かんあく》な人物となってしまう可能性もある。穴は生気が融合し結集するところであるために清浄である必要がある。そのため、風水師の責任は重く、穴の選定に当たっては、ことさらに精神を集中し、周囲の地勢を細部にいたるまで見極め、穴の前後左右を見渡し、風格があるのか否かを調べなければならないという。

†子孫が不運に見舞われる

映画『霊幻道士』では、二〇年前の墓を掘り起こして、死体を再葬する場面が描かれる。

実は、その墓地は風水上の適地であり、風水師から強引に奪い取った穴であった。

最良の穴を奪い取られた風水師は恨みを抱き、埋葬者に間違った埋葬方法を教えた。その指示に従って父親の死体を葬ったために、清浄であるべき穴がけがされ、死者の子孫は栄達するどころか、しばしば不運に見舞われるようになった。その不運は、放っておけば子々孫々に及ぶ。さすがに良心の呵責《かしゃく》を覚えた風水師は、二〇年後に死体を掘り起こして再葬するようにと言い残したのである。

埋葬された死体と子孫の運勢との関係は、中国の思想史上、とても大きな話題となっている。漢族を対象とする文化人類学の嚆矢《こうし》モーリス・フリードマンは、一九五〇年代後半から六〇年代後半にかけて、香港の新界などでフィールドワークを行い、漢族の埋葬について「機械論的風水観」を提出した。

壁に備えられたコンセントにプラグを差し込めば、自動的に電気が機器に流れ込むように、祖先の骨をしかるべき墓地に埋葬しさえすれば、遺骨に「気」の影響が及び、遺骨を介して機械的に子孫に「気」の影響が及ぶ。フリードマンは風水とは、「道徳と無関係な技術」であることを強調した。

これに対して台湾でフィールドワークを行ったエミリー・エイハンは、墓に埋葬された祖先の「人格的」な感情や意志が、子孫の吉凶を左右するという「人格論的風水観」を提示した。

機械論的か人格論的かをめぐり、多くの研究者が議論を展開してきた。近年では水口拓寿《みなくちたくじゅ》が、風水と墓地と子孫との関係に関する見解の違いを、「機械論 and/or 人格論」論争と名づけて、中国思想史のなかに位置づけようと努めている（水口拓寿『儒学から見た風水――宋から清に至る言説史』風響社、二〇一六）。

水口が福建省西南部の李氏宗祠《りしそうし》を訪ねたときに、その回廊にはシンガポール元首相リー・クアンユー（李光耀《りこうよう》）と、台湾中華民国総統であった李登輝《りとうき》の肖像が掲げられていたという。李氏一族のなかから郷里を離れ世界に雄飛《ゆうひ》した人物が現れた理由を、始祖の墓と関連づけて説明する三つの言説が、『李氏族譜《りしぞくふ》』には含まれている。

その三つとは、始祖の骨が子孫に影響を与えたとする「機械論的」言説、始祖とその妻が子孫の夢に現れて墓の立地に仮託して外地への移住を命じたという「人格論的」言説、そして、天が始祖の徳行に即応して墓地を決定させたという「儒教的道徳」言説である。「始祖に認められた「人格的存在性」は、天という審判者を巻き込みながら、機械論的な地理メカニズムの根底にまで浸透している」のだと水口は結論づける。

北宋と南宋のあいだに、儒教の画期を見いだした水口は、風俗として広がりを見せていた風水を否定した北宋の司馬光《しばこう》と、「気」の理論に基づいてすべての事象を説明しようとした朱熹《しゅき》とを対比させる。朱熹は墓地の方位と埋葬時期の吉凶判断は拒否する一方で、気の理論に基づく地形・景観の判断は肯定するとしている。

水口は、朱熹と思想的な交流を行ったことで知られる蔡元定《さいげんてい》（あるいはその父）の著作とされる『発微論《はつびろん》』を手がかりとして、易《えき》の理論に基づいて風水思想が演繹《えんえき》的に定義し直されている点を具体的に指摘している。時代が下り明《みん》代となると、子孫が祖先を思慕することで、気が祖先の遺骨から子孫へと感応するという発想が生まれる。この思弁によって、機械論的な風水観に人格的風水観が導入されたと、水口は結論づける。

『発微論』では、朱熹らによって古文経学のなかから再発見された「天人相関」の考え方が風水思想に導入されている。これは祖先を埋葬する子孫が祖先を思慕するという徳を備えることに、天が報いるというものであった。すぐれた埋葬地点を獲得するために、祖先の柩を家に留めて葬らなかったり、別人が葬られている地点を横取りしたりする行為は、天を欺くこととなる、と不徳の行為を諫《いさ》めるのである。

†キョンシーに襲われたらどうするか

『霊幻道士』の墓地風水は、まさに埋葬者の不徳のために不吉なパワーを発揮することになる。この土地は、「トンボが水面に産卵するような」ポイントだという。水源が近くにあり、そこから流れ出た水がもともと溝に沿って流れていたところが、のちに土で覆われた場所である。

ジメジメとした土質ではあるが、トンボが水面に入らないように、埋葬したのちに水分が蒸散しやすいように表面を黄土で覆うことで、生気の溢れる墓地となる。ところが、映画では埋葬者に恨みを抱いた風水師の指示に従って、セメントのような硬い土で塗り固めてしまう。そして二〇年後、掘り起こした棺のなかから、屍蠟化した死体が現れたのである。

死体がキョンシーとなる理由を、映画のなかで道士は、死体から「気」が抜けきれていないからだと説明している。間違った方法で埋葬すると、死体に気が詰まって「憋気《ピッヘイ》」したり、気が滞って「悶気《ムンヘイ》」してしまう。人は生前には「生気《サンヘイ》」がみなぎっているのだが、死後に一塊の気が喉元に集まり、死んでもその気が断たれない。そのために死んでも腐敗することがなく、キョンシーに変じるのだという。気が残っているために、その死体は再び動き出す可能性を秘めている。

その夜、キョンシーは保管されていた場所から抜け出す。最初の犠牲者は、間違った埋葬を行った死者の息子であった。キョンシーに襲われて絶命した息子の死体も、またキョンシーとなり、生者を襲い始める。

キョンシーに襲われたものが、またキョンシーに変じるというルールは、この映画のなかで初めて確立された。これは明らかにアメリカのゾンビ映画からの引用ではあるが、その説明原理として、「屍毒《しどく》」という要素が登場する。ゾンビ映画と異なる点は、この「屍毒」を除去する方法が示されることだろう。餅米《もちごめ》の粒が、この毒を吸着する。これは実際に道教の呪物として、餅米が用いられていることと関連がある。

キョンシーに襲われたときには、息を詰める。このルールをもとに、コミカルなシーンが映画のなかで展開する。呼気のなかに生気が宿っている。その生気にキョンシーが反応するのである。

さらにキョンシーと戦う道具として、桃の木から切り出された剣、銅銭を連ねた刀、鶏の血を混ぜた墨汁《ぼくじゅう》など、様々なアイテムが繰り出される。これらすべてが、実際に道士が用いる呪物である。このように『霊幻道士』は、あたかも道教儀礼のドキュメンタリー映画といった一面を持っている。

徘徊する死体は、それぞれの文化の深部を浮かび上がらせるのである。

漢族社会における徘徊する死体であるキョンシーは、死者の親族が死体を正しく埋葬する責務を負っていることを明らかにしている。そして死体が動き出す説明原理として、「気」の観念が登場する。それもまた、漢族の文化の神髄ということができよう。

第三章

布施される死体

——チベット族

1　魚と死体

†チベット人の死体観

チベット族の死体観について、初めて話を聴いたのは、メコン川の上流域、中国の雲南《うんなん》省をチベット高原から流れ下る瀾滄江《らんそうこう》の宿場町で、雲南省社会科学院で民族学を専攻する漢族の研究者と、珍しい川魚を食べていたときのことである。

その魚は急流に棲息《せいそく》し、のど元にある吸盤で川底の岩や石に吸い付いて流されるのを防ぐ。記憶に基づいて検索するとそれは、おそらく学名で *Glyptothorax zanaensis* と命名された魚であり、中国名では〈扎那紋胸鮡《ツアナウエンシヨンチヤオ》〉と呼ばれる。「扎那《ツアナ》」は、この魚のモデル標本が採取されたチベット高原の地名で、学名の種名も、この地名にちなんでいる。むりやりつけたと思われる和名は、とても大雑把だが、「吸盤ナマズ」と呼ばれている。

唐揚げにされた体長一〇センチほどの魚は、頭から骨ごと食べることができ、なかなかの美味である。そのときにはあまり意識しなかったが、天然記念物級の珍魚を食べてしまったのかもしれない。

唐揚げに箸を伸ばしながら、民族学者が言った。

「とてもおいしいが、雲南のチベット族はシュエツァンだから、この魚を口にすることはないでしょう」

その後の説明で、チベット族は大きく分けて〈ティェンツァン〉と〈シュエツァン〉があるのだという。そのときにはチベット文化に詳しくなかった私は、「ツァン」を漢語でチベットを意味する「蔵」だと勝手に思い込み、前者は「天蔵」、後者は「水蔵」だと解釈し、チベット族は二つの民族グループに分かれるのか、と誤解した。

正しくは、「天葬」と「水葬」となる。死体を処理するときに、山の上に運んで解体し、天の鳥に食べさせる風習を「天葬」といい、日本では「鳥葬」とも呼ばれる慣習である。「水葬」は死体を川に流し、川魚に食べさせる風習となる。チベット高原や青海省《せいかい》など、乾燥した高山で暮らしているチベット族の多くは天葬を行う。青海省《せいかい》のチベット族は、夭《よう》折《せっ》した子どもや、交通事故や殺人事件などに巻き込まれるなどの異常死に限って水葬とし、一般的な死者については、その死体は天葬とする。

これに対して、比較的湿潤でメコン川上流の瀾滄江、長江上流の金沙江《きんさこう》などの大河が流れる雲南の西北部や四川《しせん》の西部に住むチベット族のあいだでは、水葬が多いのだという。水葬は死者の身体を、魚に布施《ふせ》する神聖な葬儀だと考えられているのである。

「輪廻転生《りんねてんしょう》を信じるチベット族は、自分の祖父母、父母の死体をさっぱりと食べてくれた川魚を食することはしない。もし網で掬《すく》ったとしても、その魚が親族の誰かの生まれ変わりかもしれない。そう信じているから、口にしようとはしないのだ」と民族学者は教えてくれた。そして「食べてみれば、こんなにおいしいのにね」と、最後に付け加えた。

チベット族が暮らしている高原の厳しい自然環境のなかでは、漢族の仏教の僧侶が食している精進《しょうじん》料理の食材となる大豆は育たない。チベット族は生きるために必要なタンパク質を摂取するために、やむを得ず殺生《せっしょう》する。しかし、家畜も祖先の誰かの生まれ変わりの可能性があるので、何人かの空腹を満たせるように、なるべく大きな生き物をなるべく少なく殺すように努めている。小さな生き物を数多く殺すような、罪な所行《しょぎょう》に手を染めることはないという。日本人が畳鰯《たたみいわし》を火にあぶって食べているところを、チベット族が目撃したら、きっとのけぞり、悲しむことだろう。

†魚は誰かの生まれ変わり

私がチベット族の村を初めて訪問したのは、二〇〇四年に雲南省西北部のシャングリラ（香格里拉《シャングリラ》）で開催された国際シンポジウム「チベット文化と生物多様性」に出席した後、数名の研究者とともに長江上流域の金沙江《きんさこう》の谷を渡り、四〇〇〇メートル級の峠を越えて、メコン川上流域の瀾滄江に降って徳欽県《とくきんけん》に赴いたときであった。香格里拉という行政区は、もとは「中甸《ちゅうでん》」という名称だったが、海外から観光客を呼び寄せるために、小説や映画で描かれた理想郷の名前にちなんで、二〇〇一年に改称された。

中甸を出発した車は、木の伐り出しをしている峠の道を登った後、深い谷をたどって金沙江の河畔にいたる。そこから再び山に道が上がっていくところに、奔子欄《ほんしらん》という宿場町がある。ここは、かつてチベット族の生活に欠かせない茶葉の荷駄《にだ》が行き交った茶馬古道《ちゃばこどう》の要所であった。日本の山間の温泉地のように、急斜面に旅館と食堂が並ぶ。各食堂には、生《い》け簀《す》があり、客が魚を買って調理してもらっていた。店の給仕に訊くと、チベット族で魚を注文する客はいないわけではないが、チベット族だけのグループで頼むことはまずないとのことだった。

徳欽県で訪ねたチベット族の村は、溜筒江《りゅうとうこう》村という名で、瀾滄江の河畔に位置している。その対岸で車を降り、急斜面を下って吊り橋を渡った。この橋は茶馬古道を行き来していた馬幇《まばん》が資金を出して架けたもので、瀾滄江第一橋ともいわれる。その日はしばらく降り続いた雨のために、瀾滄江は褐色の濁流となっていた。橋の少し下流側に、川縁《かわべり》に経文《きょうもん》を記した白い布が数本、風にはためいている。案内をしてくれた地元のガイドによれば、ここは水葬が行われる場所だという。

チベット族の住む土地を旅すると、峠の道に綱が張られ、無数の経布《きょうふ》が風にはためいている場所に行き会う。はためくごとに布に記された経文が読まれたことになり、功徳《くどく》が積まれるとされている。

このあたりのチベット族は、水葬をすることが多い。江の魚は亡くなった人々の生まれ変わりとも信じられているため、彼らには魚を食べる習慣がないという。また、この江の魚には顎《あご》がないので、想いを語ることもできず、苦しみを鬱積させているため、食べないのだともいわれている。

顎のない魚と聞いて、私はあの唐揚げとなった吸盤ナマズを想起した。あの魚の頭部は、川底の岩石にぴったりと貼り付くために扁平《へんぺい》となり、その口元には顎がなかったからだ。

2　鳥と死体

†死体を鳥に食べさせる天葬

チベットの天葬は、日本では一般に「鳥葬」と呼ばれる。チベット語では w bya gtor となり、その意味を直訳すると「鳥のための慈悲」なので、あながち誤訳ではない。しかし、ネットで「鳥葬」という言葉を検索すると、死体を切り刻み、骨を打ち砕くことばかりを強調した猟奇趣味のサイトに行き会う。日本では死体を山頂で解体して、ハゲワシに食べさせるというイメージばかりが先行し、チベット族が持っている死についての観念を見る目が、好奇のメガネで曇らされてしまうので、本書ではあえて「天葬」という用語を用いたい。

水葬が死体を水に流すように、天葬はハゲワシの力を借りて、死体を天に昇らせることを意味する。英語では、sky burial あるいは celestial burial と訳されている。

チベット族の信仰のなかで、天葬がどのように位置づけられているのか、それはチベット族の研究者によって語られなければならないだろう。チベット族が多く住む青海省西部でフィールドワークを行い、博士論文にまとめたガザンジェ（尕藏杰）は、こうした要求に応えてくれる（ガザンジェ『中国青海省チベット族村落社会の変遷』連合出版、二〇一六）。

人が亡くなると、村の宗教的な指導者が葬儀の日取りを決め、死後二、三日後に執り行う。その日の未明、死者の親族の五人から七人の男たちが、死体をウマまたはゾーモーと呼ばれるヤクとウシとを掛け合わせた家畜に乗せて、観音菩薩《かんのんぼさつ》の真言《しんごん》「オム・マニ・ペメ・フム」と唱えながら、天葬を行う山の上に運び上げる。

死体を運び上げる人は、必ず奇数であり、その家畜は必ず雌でなければならないという。

葬儀に参加する人々は、休むことなく葬儀の場に向かう。もし途中で休むと、死者の霊魂がその場に留まり、転生できなくなるからだ。そうした残った霊は、死霊となる可能性があると考えられている。

天葬の場に到着すると、火をつけて裸麦《はだかむぎ》の粉を振りかけて煙を立てる。これが鳥への合図となる。この鳥はヒマラヤハゲワシ（学名：*Gyps himalayensis*）である。ハゲワシが大きな翼を拡げながら、天空から舞い降り集まってくると、年長者の一人が、死者に対して語りかける。

お前は今日から死んだ。いま霊魂が死体から離れる。親戚や家族、またこの世の財産などに恋々《れんれん》としないで、中有《ちゅうう》（死から転生して新に生まれ変わるまでのあいだの期間）に行きなさい。我々親戚はいつも、お前の霊魂が（解脱《げだつ》して）天国に行くこと、あるいは早めにこの世に生まれ変わるようにと、祈っている。

そしてあたりが明るくなる午前七時頃、葬儀が始まる。ハゲワシも朝にだけ、天葬の場に飛んでくる。

はじめのうちは、死体をそのままハゲワシに食べさせる。内臓や身体の肉などをすべて食べ終わった後、骨を砕き裸麦の粉と混ぜて鳥に食べさせ、最後に、頭を食べさせる。残った骨は鳥葬場に埋め、こうして天葬が終わる。多くの場合、天葬の儀礼は二、三時間ほどである。

†天葬場での儀式

多くの場合、天葬は村の近くの山で行われるが、各地から死体を運んできて天葬を行う天葬場もある。ガザンジェは代表的な天葬場であるディクン寺とチャラン寺の天葬について、実地調査に基づいて具体的に記載している。

ディクン寺の天葬が一般的な村の天葬と大きく異なる点は、天葬の専門家が儀式を行うというところにある。こうした天葬師は寺院の僧侶のなかから選ばれる。チベット自治区では「ドンデン」と称される。

遠路はるばる死体が寺院の広場に運ばれてくると、一人の僧侶が法螺貝《ほらがい》を吹く。その合図に応じて、僧侶たちが集まり、死体を囲んで座り、活仏《かつぶつ》の声に従ってポワを念誦《ねんしょう》する。活仏とは、如来《にょらい》や菩薩などが転生したと信仰されている僧侶のことである。「ポワ」というと、カルト宗教のオウム真理教の「ポア」を連想する方が少なくないかもしれないが、チベット仏教のポワには、人から命を奪うといった要素は微塵《みじん》もない。死者の霊魂が迷う

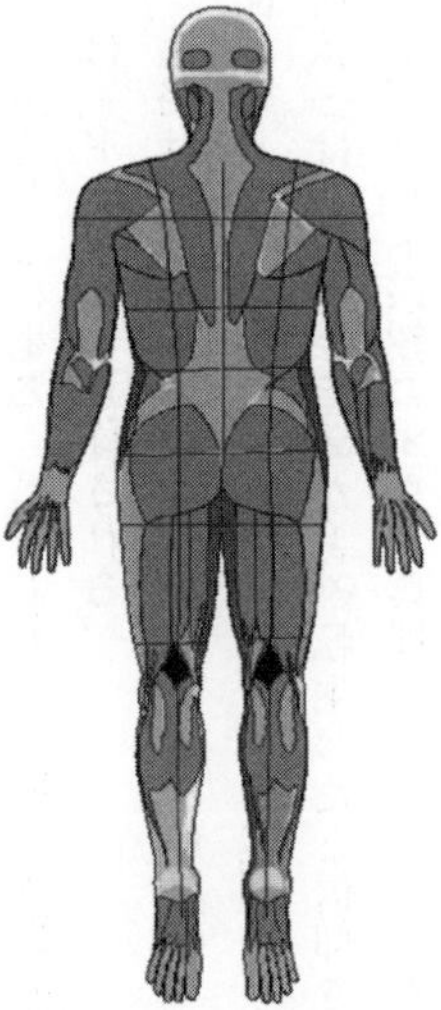

図1　デイクン寺の天葬において死体を分断する仕方。天葬では、最初に縦に、首元から尻までを刀で切り、次いで両肩からそれぞれ足まで切る。次に背中・尻・足などを横に切る。天葬師は左手にフックを握り、右手に刀を持って、死者の背中の線から肉をフックで引っ張って刀で切る。肉をおおよそ切り分けたのちに、死者の親戚がハゲワシを天葬台に近づかせ、食べさせる。（ガザンジェ『中国青海省チベット族村落社会の変遷』より）

ことなく転生して生まれ変わるか、解脱するための作法なのである。

天葬は、翌朝に行われ、死体は死者の親族によって、寺から一キロほど離れた天葬場まで運ばれる。

天葬師ドンデンの指図によって裸麦の粉が焚かれると、ハゲワシが三〇〇羽ほど群れ集まってくる。ドンデンは天葬台の上に横たえられた死体の布の綱を切り、裸にする。親族が棒を手にして、ハゲワシが近寄らないように声を張り上げるなか、ドンデンがうつぶせにした死体を、刀でハゲワシが食べやすいようにするのである（図1）。

天葬は、チベット族と文化を共有していない人にとっては、ショッキングな場面であるがゆえに、猟奇的習俗として語られることが多い。これを隠し撮りする不届き者も、後を絶たない。こうした状況に対して、チベット自治区の政府は、条例などを出し、興味本位で扱うことを禁じている。例えば、二〇〇五年一二月五日に施行された「天葬管理暫行規定」の第四条では、次のような活動を禁止している。

第四条（三）天葬の活動の現場において取り囲んで覗いたり、写真や録画などの撮影を行ったりすること。

（四）新聞・雑誌・図書・放映・上映、ネットワークなどのメディアに載せたり、放映したり、印刷したり、天葬の活動に関する文章・図版・報道をゆがめて転載したりすること。

（五）天葬台を観光スポットとして国内外の観光客に参観させること。

こうした禁令にいわれるまでもなく、チベットの人々の死者と霊魂と死体とに対する感情をくみ取るべきであろう。

3　切り刻まれる死体

†チベット族の重層的な信仰

私が天葬について、チベット族から直接に話を伺った場所は、中国の青海省黄南《こうなん》チベット族自治州同仁《どうじん》県に属するランジャと呼ばれる村であった。州名に「黄南」とあるように、この地域は黄河の上流部の南に位置する。またこの地域はチベット語で、レプゴンと呼ばれる。天葬についてフィールドワークを行ったガザンジェも、この地域で調査を行った。

ランジャ村には、黄河支流の隆務《りゅうむ》河のほとりの高台の上に、七つの集落が点在している。二〇〇三年夏から二〇〇七年夏までの期間、演劇研究者の細井尚子、民族音楽研究者の山本宏子と三名で、短期間の調査を繰り返した。

この村の興味深い点は、信仰が重層的なところである。古層から順番に挙げると、まず山の神が、ハワ（あるいはラッワ）と現地で呼ばれるシャーマンに憑依《ひょうい》して、村人の多産と大地の豊作を祈念《きねん》する儀式を司るという、土俗的、アニミズム的な信仰が最底辺にある。

そのうえに、チベットに仏教が伝来する前から信仰されていたポン教が位置づけられる。

七つの集落のうちの一つ、サソマの住民がポン教徒であり、集落の中心にその寺院がある。ポン教については、少し後で詳しく述べることにしよう。

ランジャの村人の多くが信仰している宗教が、八世紀半ばに成立した、チベット仏教のなかで最も古いニンマ派である。一一世紀にインドから新しいタイプの密教が導入され、サキャ派、カギュ派などが成立すると、それよりも古い仏教は「ンガギュル・ニンマパ」(旧訳の仏典に拠る古い宗派)と呼ばれるようになった。ランジャでは在家のニンマ派の宗教者が、様々な呪術的な作法で、作物に大被害を与える雹《ひょう》を防ぐなどの役割を果たしていた。

そして信仰の最も新しい層が、一四世紀にツォンカパが開いたゲルク派である。この宗派は寺院に属する僧侶によって実践され、他の宗派よりも学識・戒律《かいりつ》を重視する。ランジャ出身者で、ゲルク派寺院で修行するものも少なくない。

チベットの宗教に疎い私は、フィールドワークではもっぱら、見た目でそれぞれの宗教の差異を観察するしか方法はない。シンボルカラーでは、ゲルク派が黄色の帽子で際立ち、ニンマ派は臙脂《えんじ》色の僧衣を身にまとう。ポン教の色は黒。ポン教寺院の緞帳《どんちょう》は黒地に「卍」が描かれていた。仏教の儀式は常に時計回りに巡って行くのに対して、ポン教では反時計回り、つまり左回りとなっている。仏教とポン教は対立しているように見えて、村人の人生、特に死にまつわる儀式において、密接に結びついていた。

ポン教を奉じるサソマの住民と、ランジャの他の集落の仏教徒との関係は、かつては非常に深かったという。ランジャの村人は各戸が特定のサソマの住民とのあいだに、後見人《こうけんにん》と被後見人に喩えられるような関係を持っていた。

こうした後見人はホンと呼ばれ、サソマの男性は、外から入り婿で来た人を含めて、すべてホンとなる。そして、結婚が決まりそうになったときには、この縁談がめでたいか否かを相談に来る。一九五八年以前には、第一子が生まれたときには、名前を付けてもらったりもした。この関係はジュホンと呼ばれる。「家のポン教の師」という意味である。

†天葬とは布施である

ランジャの村民の葬式のときには、その家と関係があるホンが招かれて経文を読んだ。こうした慣習が途絶えた後でも、ランジャの村人が同仁県城の回族《かいぞく》に殺害されたときに、その葬式でサソマの人が経を読むなど、非業の死を遂げたような場合には、ポン教のホンが特別な役割を果たしたという。

サノマの住民から、ホンとランジャの村民との関係について聞いた。

昔はランジャの村人が信頼するサソマの人を自分のホンとした。これが子々孫々と引き継がれて関係が続く。私にもこうした関係のある家があったが、自分は経を読めないので、他の人に譲った。その前には、父親がホンとしての活動を手広くやっていて、私の兄は父親の関係を引き継ぎ、いまも多くの関係を持っている。

ランジャでは天葬が一般的で、人々は不要になった自分の身体が鳥に食べられることを願い、そのため鳥の食べ物が少なくなる秋に死去することを願う。火葬は以前、活仏だけが行う方法であった。

水葬は主に村の外で不慮の事故などで亡くなった場合に行い、黄河にその死体を流す。長患《ながわずら》いをして亡くなったような場合、遺体を鳥も喜ばないと考えられ、水葬にしたり火葬にしたりする。そうした特別の葬儀のときにはホンが呼ばれ、火葬するときにその場を浄《きよ》めるときにも参与する。

ランジャで人の一生について聞き取り調査を行うなかで、最も強く印象づけられた言葉がある。

死体は古着と同じ。

古着が他の人の手に渡って役立てられるように、死体が鳥のエサとなり、その血肉《けつにく》となってくれれば、それが嬉しいのだというのである。

ガザンジェは、その著作のなかで、チベット族の天葬に対する認識を私たちに伝えてくれる。そのなかでは、天葬とは布施だと語る人が多い。

天葬とは布施だ。私たちは日常の生活のなかでは、寺や貧しい人にお金や食べ物を布施することはできないけれど、自分が亡くなったら、この身体で鳥などの動物に布施したい。

私たちは生きるため、羊や牛などたくさんの家畜を殺して肉を食べている。それで、自分が死んだら、その身体で布施することはあたりまえのことだ。

また、学識のある僧侶は以下のように言う。

天葬は仏教と関連しているが、仏教の経典には記録がない。チベットのもともとの葬式であり、ポン教と関連があると考えられる。歴史文献によれば、ポン教ではたくさんの家畜を殺して、天神に献げる習慣があるので、そこから天葬が派生したと考えられる。

その後、仏教がチベットに伝えられ、仏教の「捨身飼虎《しゃしんしこ》」などの影響を受けて、仏教と深く関連するようになったのだ。

ちなみに、「捨身飼虎」とは、釈迦《しゃか》の前世にまつわる説話『ジャータカ』の一つで、釈迦の前世である王子が、飢えた虎とその仔のために、身を崖の上から投げて虎の命を救ったという物語である。この物語が描かれた法隆寺の玉虫厨子《たまむしのずし》の図像は、読者のみなさんもどこかで目にしたことがあるかもしれない。

†古代チベットの宗教「ポン教」

また、ここでは、天葬とポン教との関連が指摘されている点にも注目したい。

天葬はポン教に由来する、この説はおそらく正しいだろう。七世紀に隆盛を極めたチベット帝国に仏教がもたらされる前、チベットで広く信仰されていたのが、ポン教である。

現在は仏教に押されて信徒の数は少ないものの、ポン教は今も信仰されている。ただ、古代チベットのポン教と現在のポン教は、まったく同じというわけではない。現在のポン教は仏教の影響を強く受けて体系化されているが、仏教以前のポン教は悪魔払いなど呪術的な色彩が強かっただろう。

いにしえのチベットでは、ツェンポと呼ばれる政教一致の王が、有力氏族を束ねていた。ツェンポは天と地とを結ぶ綱を持っていて、自由に天上と地上とを行き来していた。跡継ぎが一三歳となり馬に乗れるようになると、譲位して綱をたどって天に昇っていったという。

ところがディグム・ツェンポの時代、ツェンポが家臣の有力氏族の長を誅殺《ちゆうさつ》しようとしたところ、逆に返り討ちに遭ってしまう。そのときに、天地を結ぶ綱が断ち切られてしまったのである。チベットのポン教徒は葬儀の儀礼を知らなかったので、チベット西南部ないしイランのタジクあたりにあったとされる西方のシャンシュンから、三人のポン教の司祭を招いた。このときに死者の霊魂の扱い方がチベットに伝えられ、葬儀の次第が確立されたとされている。

ポン教では、この世界は幸福の時代から破滅の時代を経て、ふたたび幸福の時代にいたると考えられていた。人は死後、幸せの国か苦しみの国のどちらかに行く。幸せの国に行った死者は、幸福の時代になると復活する。そのためポン教の司祭は、正しく死者を幸せの国に送り届けるために、葬儀を取り仕切ったのだという(『〈新アジア仏教史09〉チベット〉須弥山の仏教世界』佼成出版社、二〇一〇)。

†天葬を連想させる儀式「チャム」

二〇〇四年に、私はランジャで行われたポン教の儀式チャムを参観する機会を得た。この儀式では、ポン教の敵を象徴する悪魔ダムニャムが切り刻まれる。その場面は、死体を切り分ける天葬を連想させるものであった。現在の儀式は旧暦(農暦)に従って行われるので、その日取りに従って簡単に紹介しておこう。

儀式は農暦一〇月初八日に始まる。レプゴン地域のポン教の村が順繰りにこの儀式を行う。その年は、ランジャのサソマ集落の当番に当たっていた。各村々からポン教の司祭ウォンボがサソマのポン教寺院に集まって、まずラマ(上師)に対して平和な経文ツェガンを読む。ポン教の神々に関する区分は二元的で、シュワと呼ばれる穏和な性格と、チューウと呼ばれる猛々しい性格との二つに分かれる。ツェガンは、前者に対する経文であるとされる。

初九日と一〇日には、ワッセと呼ばれるポン教の主要な本尊《ほんぞん》に対する経文が念誦される。これは、荒々しいチューウに対するものだ。一〇日の午後にチャムが寺院の中庭で行われ、翌一一日に吉祥の経文であるザッヒが読経される。

一連の行事によって、まずポン教の師を敬い、ポン教の流れに自らが属することを確認し、その後自己のなかの邪心を打ち砕くべく、猛々しい神に自己同化する。自己が神の化身となることをチェルムという。そして、その威力によりダムニャムに象徴される自己の邪心、例えばポン教の教規を破るなどの堕落しようとする性向を打ち砕く一連の動きをイメージして、チャムの儀式で表現する。そしてダムニャムを粉砕した後に、ふたたび人間に戻るために、ザッヒが読まれる。

†悪魔ダムニャムを切り刻む

チャム当日早朝、私はポン教寺院を訪ねた。堂内は読経、銅鑼《どら》・太鼓の音が鳴り響き、チャムに向けた儀式が始まっている。ダムニャムの人形（写真1）とともに、肉塊が台の上に置かれている。ダムニャムはバターで練り上げられ、赤く染められた裸麦の粉で作られている。でっぷりとメタボ体型の腹のなかには、腸をかたどった内臓がしまい込まれ、血で満たされている。ダムニャムはポン教の敵ではなく、ポン教の信者の心に宿る邪念を象徴するのだという。

堂の入り口に視線を向けると、一辺五〇センチほど、高さ一〇センチほどの正三角形の台の上に、六芒星《ろくぼうせい》の図案を描いた紙が置かれて、そこに何かを振りかけていた。その写真

写真1　ダムニャム。ボン教で邪心を具像化した魔物とされる。体長は約30センチ。赤く色づけされた裸麦の粉をバターで練り上げて作製される。同じような人形は、チベット仏教ニンマ派のチャム（舞踏儀礼）にも登場する。

を撮ろうとしたところ、案内をしてくれたサソマのボン教司祭のカンブン氏に止められた。

紙に描かれた図案は、ランカと呼ばれるもので、人の形を象徴する。チャムのときにダムニャムを、六芒星の図案の上に置くのは、この図案が邪悪なものを封じ込めているとされるためである。それは日本で籠目《かごめ》の文様《もんよう》に魔除《まよ》けの効果があるとされることを連想させる。

この図には不吉なものが凝縮されているため、チャムの儀式の後、ドハと呼ばれる祭壇に貼られ、ダムニャムの残骸とともに焼却される。この図形の一切は消し去らなければならない。たとえ写真だけであっても残してしまえば、この世界が不幸に見舞われることになるのだと告げられた。三角形の台はランガムと呼ばれ、ランカを入れる箱という意味を持つ。三角形なのは、威武《いぶ》する力を象徴している。何か振りかけるような儀礼は、ランキ＝チャンドと呼ばれるもので、村で不幸が起きないように祈願するものだと、説明を受けた。

儀式に気を取られていたら、カンブン氏が広場の方を見ろと身振りで教えてくれる。振り返ると、仮面の神々が入ってくるところであった。堂内に入った神々は、読経に合わせて身体を揺する。しばらくして出てきて、広場でしばらく踊り、護法神《ごほうじん》のダルハモが広場に白く描かれた魔法陣のなかに置かれた肉塊を、手にした剣で切り刻む。

午後一時頃に再び寺院に行くと、ウォンボたちが身支度をしているところであった。チャムのときに踊る役割のウォンボは、頭に神面の像を彫った帽子を被る。神々の役割の人々が、仮面と衣装とを抱えて堂内で着替える。いよいよチャムが始まるという期待が高まる。読経が始まり、チャムが始まる。

まず、髑髏《どくろ》の子どもの二柱のソル（写真2）が、まな板の上に載せられた紅い人型ダムニャムを抱えて登場し、広場の魔法陣の正面に向かって斜め左に描かれた六芒星の上に置く。ダムニャムの魔力は強力で、ソルはこれを打ち砕こうとして逆襲され逃げ帰るように

写真2　ソル。天葬の場から現れたとされる髑髏の妖怪。

堂内に入る。さらに次々と神々が出てきては、ダムニャムに撃退される。

神々のなかで最も人気があるのがナムモである。村人が大勢出てきて、ハタ（儀礼用の白または黄色の布）を結《ゆ》わえ付ける。仮面の神は生きた神像であることが実感できる。このナムモもダムニャムに太刀《たち》を浴びせるが、致命傷を与えることはかなわない。最後に法王のチジャが踊り、ダムニャムの魔力が弱ったときに、ダルハモとナムモが登場し（写真3）、一斉に太刀を浴びせ、ついにダムニャムを切り刻むことができた。

人型の太鼓腹のなかには、実際に血が満たされており、鮮血が飛び散る。次々と他の神々が現れ、勝利の舞いを踊る。

写真3　ナムモ（左）とダルハモ（右）。ナムモは、レプゴンのポン教でもっとも信仰を集める護法の女神。この地にポン教を伝えた大師の夢に現れ、腕をまわす所作をした。何の動作なのか確認しようとすると、芝刈りに来た女性に起こされた。ポン教に敵対する魔物の腹から腸を引き出す所作だとされる。もともとは自身も魔物だが、ポン教開祖に折伏され、護法神となった。ダルハモも同様、もとは魔物で後に女神となる。

そのあいだに計三回、ダルハモらがダムニャムを原形も留めないほどに切り刻む。刻まれた血《ち》塗《まみ》れの断片は中央の祭壇に捧げられ、肉片らしきものは髑髏のソルが四方に散らす。その場で見ていた私にも、ここで血が付いてしまった。

　二人の男たちに担がれた祭壇は、寺院を出て東に向かう。旗を押し立てたウォンボ、そして太鼓が続く。村の耕地の辺縁に、藁《わら》が円錐形に組み立てられてある。ひとしきり読経した後、爆薬で魔除けをし、祭壇とともにダムニャムの残骸を焼却する。終了時刻は日が暮れようとする午後五時過ぎである。緑の一点もない山々に、陽が落ちようとしていた。

寺院に戻ったウォンボたちは、広場で読経している。式次第を見届けた私は、そこで引き揚げることにした。

チャムの儀式は、葬儀そのものというわけではない。しかし、内臓まで作り込まれたダムニャムを切り刻む儀式に、ポン教がどのように死体に向き合っていたのか、その一端を垣間見ることができるのではないか。死体は切り刻まれて、自然のサイクルのなかに戻されるのである。

第四章

よみがえる死体

――ユダヤ教とキリスト教

1　イエス磔刑以前

†遺体にこだわらないキリスト教徒

輪廻転生を信じるチベットの人々は、結果として死体を生態系の循環に戻している。ランジャで乾燥した山の連なりを眺めながら、村人の「死体は古着と同じ」という言葉を耳にしたときに深く感銘を受けたのは、私がエコロジストであったからというよりも、私自身も自分の死体について、こだわりを持たないことに根ざしているのかもしれない。父がカトリックの熱心なクリスチャンであったことから、私も幼少の頃は、毎週日曜日には教会に通い、キリスト教の教義に触れていたことが、その背景にある。

一九八五年八月の日本航空一二三便墜落事故は、五二〇名の犠牲者を出した。無残に散らばった死体の身元を確認して遺体へと移行させる作業を、身元確認班長として担った飯《いい》塚訓《づかさとし》はその著書のなかで、検視《けんし》の手順から遺族への対応にいたるまでを具体的に記している。そのなかに、遺体の引き取りにこだわる日本人と、キリスト教を信仰する外国人との違いを論じた箇所がある。

犠牲者のなかに、二〇代の韓国人女性がいた。両足と左手だけの離断遺体で、死体と身体特徴によって確認された。遺族に説明したら、

「間違いありません。ありがとうございました」

と礼をいわれた。

「ご遺体はどのようにされますか」

と尋ねると、

「娘は神さまのところに召されて幸せです。肉体は一緒になくなった人とともに、埋葬してください」

という。

二八歳のイギリス男性の完全遺体。八月一九日に指紋・歯形・着衣で確認した。イギリスから父親が来て、息子を確認。通訳を入れて確認調書を取った際、

「息子は死んで神に召された。死んだことが分かったので、死体は持ち帰らなくてもいい」

という。そして涙をボロボロとこぼしながら、

「日本の警察は親切だ。息子をこれほどまで大事に扱ってくれてうれしい」と何度も礼をいって帰った。（飯塚訓『墜落遺体――御巣鷹山の日航機一二三便』講談社、一九九八。表記を一部変更）

†ユダヤ教の死体観

キリスト教徒たちの遺体に対する考え方は、ほぼ共通していたという。しかし、キリスト教は死体に関心を持たないと言い切っていいのだろうか。そこで想起されるのは、最後の審判のイメージである。

例えば、バチカンのシスティーナ礼拝堂祭壇壁に描かれたミケランジェロのフレスコ画は、画集などで目にすることも多いだろう。最後の審判の絵は、中世ヨーロッパで多く描かれた（写真4）。中央の再臨したイエスの足下から死者が肉体を伴ってよみがえり、向かって左側の死者たちは天国に昇り、右側の死者たちは地獄へと堕ちていく。最後の審判に備えて死体を保存するという発想も、キリスト教のなかには見られるのである。

カトリックの教義では、一九六二年から六五年にかけて開催された第二バチカン公会議で、それぞれの地域の文化に合わせた信仰のかたちを認めるまで、火葬は公認されていな

写真４　「最後の審判」（上：部分、下：全体）。
オランダ王立美術館の古典美術館に収蔵される15世紀に描かれた南ネーデルラント派の作品。

かった。まず、キリスト教の母胎となったユダヤ教から、死体観の変遷を駆け足で眺めておこう(以下訳文は、フェデリコ・バルバロ『聖書』講談社、一九八〇による)。

地中海世界の古典古代において、精神と肉体とは別々のものと見なされ、肉体には価値が置かれなかった。死は不純な肉体から精神を解き放つものと考えられ、後に残された死体は、捨て置かれることも少なくなかったという。こうした考え方は、哲学という経路により、ヨーロッパの思想に繰り返し現れてくる。しかし、古典ギリシアからローマ帝国を経て現代にいたる死体観に対して、ユダヤ人は異なる考え方を持っていた。

『聖書』の始まりにおいて、神は「地のちりをとって人間を形づくり、鼻の穴に命の息吹を吹きこまれたとき、人間は生きるものとなった」(「創世の書」二・七)とある。さらに禁断の果実を口にしたために死するものとなった人間について、「おまえは額に汗を流して、糧を得るだろう。土から出たおまえなのだから、その土にかえるまで。ちりであって、ちりにかえるべき者よ」(同、三・一九)とある。神が与えたものは、魂や精神ではなく、息吹《いぶき》なのである。

ここに見られる素朴な発想において、ユダヤ人は肉体と精神とを分離していない。モノとしての「ちり」を凝集《ぎょうしゅう》させる「ちから」こそが、「命の息吹」と見なされよう。したがって、神に命を吹き込まれた肉体は、死によって息吹が失われた後も、土にかえるまで丁重に扱うことが求められるのである。
ユダヤ人の祖であり、ユダヤ教・キリスト教・イスラームの祖であるアブラハムは、妻サラが死去したとき、カナンの地（現在のパレスチナ）において、その地を支配していたヒッタイト人の末裔《まつえい》であった地主に代価を払って、畑と洞穴、畑のまわりにあった木を買い取り、墓とする土地を得た。アブラハムは「畑のほら穴に、妻のサラを葬った」（同、二三・一九）。死体を埋葬することによって、「約束の地」とユダヤ人との関係がうまれたということになる。アブラハム自身も一七五歳で死去したのち、この洞穴に埋葬された。その後、ユダヤ人の直接の始祖とされるヤコブにいたるまで、みな同じところに葬られたと信じられている。

†預言者たちにとっての死体

紀元前六世紀半ばのダニエルは、終末における死者の復活について、神から託された預言を次のように記している。

地のちりのなかに眠る多くの人が目覚める、
あるものは、永遠の生命に、

あるものは、恥と、永遠の辱《はずかし》めに。
知恵者たちは、大空の輝きのようにきらめきわたり、
多くの者に正義を教えた者は、
永遠に、かぎりなく、
星のようなものになるであろう。（「ダニエルの書」一二・二〜三）

死後に死体は一度ちりに戻る。しかし、終末が訪れたときに、再び命が吹き込まれ、ちりは凝集して死者はその肉体とともによみがえる。このようなイメージが預言として与えられたのである。

紀元前五世紀頃に作られたとされている「ヨブの書」では、「申し分なく正しい人で、神を恐れ、悪を避けていた」ヨブが、その身に突如《とつじょ》として降りかかった不幸を、信仰をもって受け止めるという物語が、詩の形式で語られる。そのなかで、病魔に冒された自らの身体について、ヨブが次のように唱《うた》う一節がある。

私の息は妻にいとわれ、
兄弟たちもそのにおいに顔を背け、

小さき子らも侮り、
立ち上がると私をからかう。
親しい者はみな私を忌みきらい、
愛する者は逆らった。
この皮膚の下で肉は腐り、
骨は歯のようにむき出しになった。（「ヨブの書」一九・一七〜二〇）

こうした肉体について、ヨブは次のように書物に刻み、岩に刻みつけるよう願っている。

私を守るものは生きておられ、
仇《あだ》討つものはちりの上に立ち上がるのだと私は知る。
皮膚がこのようにきれぎれになっても、
私はこの肉で神をながめるだろう。
ああ、幸せな私よ、この私自身が、
他人ではなく私自身の目でみるだろう。（「ヨブの書」一九・二五〜二七）

死体は腐り、崩れ、時を経てばらばらとなり、ちりとなっていく。そのちりは誰のものかいったんはわからなくなるものの、終末において、それはあらためて死者から目覚めた人のものになる。

本書の問いに合わせて強引にまとめてしまうと、「死体は死者本人のもの」だということになろう。

ユダヤ人は、死者が復活のときに困らないように、死体を丁重に扱った。ちりを凝集させて生かしていた息吹が途絶え、ちりへと戻っていく様を、ユダヤ人は見届けようとしてきたのであろう。ユダヤ人の習俗のなかで生きたイエスの言動を述べる福音書にも、その様子が描かれている。死後すみやかに、埋葬のために親族と友人たちが死体を洗い、香料や油を塗ったあと布で巻き、肉体がちりにもどることを妨げないように、棺に納めずにほら穴などに安置された。

†ユダヤ人虐殺の原因

ユダヤ人は死体を丁重に扱うことを、宗教的な義務として維持し続けた。そして、そのことがユダヤ人虐殺を招く一つの要因ともなった。

一三四七年一〇月、イタリア半島を望むシチリア島メッシーナ港に、黒海の長旅を終えた船が入港した。その様子に異変を感じ、乗船した港湾関係者が目にしたものは、おぞましい光景であった。乗組員のほとんどすべてが死亡し、かろうじて息をつないでいたものも、高熱でうなされ、身もだえていたのである。これがヨーロッパを席巻《せっけん》した黒死病の始まりであった。その後、五年のあいだに二〇〇〇万人もの人々が、貧富の分け隔てなく命を奪われた。しかし、ユダヤ人の死亡率は、他の一般のキリスト教徒に比べてきわめて低かった。

キリスト教徒の住民は、親族や身近な知り合いが黒死病で死んだとき、その死体をすぐに片付けようとはせず、しばらく放置することが一般的であった。これに対して、ユダヤ人の場合は、ヘブラー・カッディーシャー（chevra kadisha）と呼ばれる、葬儀を手掛ける互助組織が死体を死後すぐに引き取り、洗浄したのである。この慣習の違いが、感染症による死亡率の差を生んだと考えられている。

黒死病がほぼ終息し、その犯人捜しが行われたとき、ユダヤ人の病死者が少なかったということが、彼らをスケープゴートとする格好の口実となった。ユダヤ人が井戸に毒を撒いたのだという噂が流れ、そして虐殺が始まった。

一三四九年、スイスのバーゼルで、ある村のユダヤ人住民全員が拘束され、生きながら焼き殺された。同様の悲劇は、ドイツ、フランスへと広がった。そののち数十年間、虐殺は続いた。フランクフルトでは、一三五〇年に二万人近い人口を擁していたユダヤ人が、この世紀の終わり頃には、わずかに一〇人にまで減少したといわれている（*The Spanish Inquisition—The History and Legacy of the Catholic Church's Notorious Persecution of Heretics*, Charles River Editors, 2016）。

†死体の洗い方

現在のユダヤ人も、死体に対するこうした慣習を維持している。伝統的なユダヤ人の習慣では、死者は死のときから埋葬まで独りで放置されることはない。死体のそばで見守ることは、シェミラ（shemirah）と呼ばれる。埋葬する前に死体を清める作業は、タハラ（tahara）と呼ばれる。ヘブラー・カッディーシャーは、今日のアメリカでは、訓練を受けたユダヤ人のボランティアのグループが担っている。

男性のメンバーが男性の遺体を、女性のメンバーが女性の遺体を担当し、厳格な手続きに従って死体を洗い、祈りの詩篇を朗唱するのである。死体を清めた後、白い綿やリネンでできたシュラウド（shroud）で包み、埋葬するときには、男性はシュラウドやスーツのうえにタリー（tallit）と呼ばれる祭礼用のショールを着せて埋葬するのである（Cutler, *Jewish Mourners Handbook*, 1992）。

現代アメリカにおけるユダヤ人が行うタハラは、トーマス・ロングの著作からの孫引きとなるが、おおよそ次のように進んでいく。

死体は二度洗浄される。最初は、お湯のなかで行われる実際的な洗浄である。傷つきやすい皮膚は布できれいにされ、両耳は綿棒で掃除され、髪の毛は櫛でなでつけられ、手足の指の爪がきれいにされる。この段階では、死体はまるで生きていて、暖かいお湯を感じ、恥じらう心を持っているかのように扱われる。そのとき洗浄される部分だけが、覆いが取られて人目にさらされるのである。それから覆いが取り去られて、祭儀的な洗浄がなされる。裸にされた死体は、冷たい流水をかけられる。防腐処理はなされない。水を拭き取られた死体は神殿の祭司の衣装を着せられ、フードが顔を覆うように引き出される。それから木製の棺に納められる。それは木釘を用いた棺で、死体も棺も完全に土に帰るようになっている。（ロング・トーマス・G、吉村和雄訳『歌いつつ聖徒らと共に――キリスト者の死と教会の葬儀』日本キリスト教団出版局、二〇一三）

暖かいお湯で死体が洗われるときに、『聖書』の詩篇が歌われる。

その頭は、黄金、純金で
そのちぢれ毛は、しゅろの木で、
からすのように黒い。
その目は、乳で洗って、
岸辺で休む、
水際の雌ばとのようだ。
そのほおは、香木の園のよう、
香りの草むらのようだ。
くちびるはゆりの花で、
香りの高い没薬《もつやく》をしたたらす。（「雅歌」五・一一〜一三）

†ラザロをよみがえらせたイエス

こうした死体に対するユダヤ人の慣習のなかで、自らが復活を遂げることで、イエスは新たな意味づけを行う。そのとき、ユダヤ教からキリスト教が、立ち現れてくる。

宗教者としての自覚を得たイエスが、山上《さんじょう》の説教を終えて山を下ると、多くの人々が後についてきた。弟子の一人が「主よ、まず私の父を葬りに行かせてくださいと頼むと、イエスは「私に従え。死人は死人に葬らせておけ」といった（「マテオによる福音書」八・二一〜二二）。同様のエピソードは、「ルカによる福音書」九・五九〜六〇にもみることができる。

このイエスが向かおうとしていた路は、ユダヤ人の作法に基づいて埋葬されていた死体を復活させることで、はっきりと示される。すなわち「ヨハネによる福音書」のみで伝承されているラザロのよみがえりの奇跡である。

イエスが赴いたとき、ラザロは死後ほら穴の墓に入ってから四日が経っていた。当時のユダヤ人の慣習では、仮死状態の人を過って埋葬してしまわないように、死後三日目に死体を確認することになっていた。

すでに四日が経過したことで、ラザロの死は確定していたのである。死人の姉妹が「四日も経ていますから、臭くなっています」と告げるが、イエスは石を取り除かせ、声高く「ラザロ、外に出なさい」と呼んだ。すると死者は、手と足を布で巻かれ、顔を汗ふきで包まれたまま、ほら穴から出てきたのである（「ヨハネによる福音書」一一・三八〜四四）。

この奇跡は、キリスト教の成立において決定的な転換点となった。人々がイエスを信仰するようになることが、ローマ帝国による民族の危機を招くと恐れた大司祭は、このとき

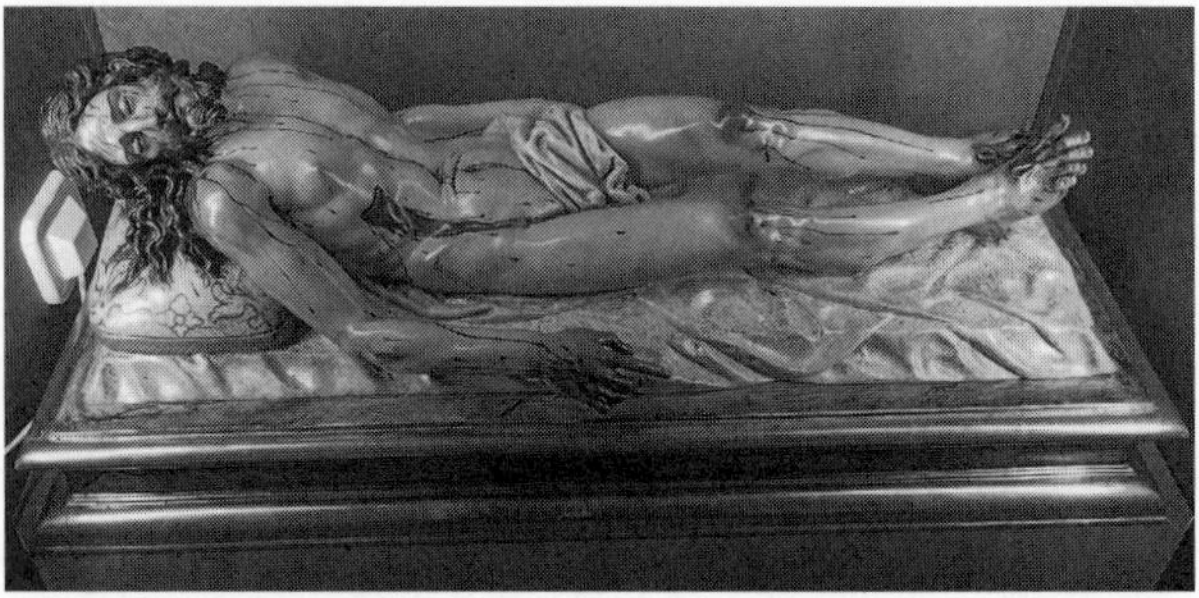

写真5　イエスの死体の彫像。スペイン南部の町カルモナにあるサンタ・マリア教会に収蔵されている彫像。この像はきわめてリアルに作られており、写真で見ると大きく見えるが、実際は50センチほど。この町では毎春、復活祭の前の聖金曜日に、イエスの受難を記念する大がかりなイベントが行われる。こうした伝統のなかで、この彫像が作製された。死体の痛々しさが強調されることで、キリストの復活の奇跡がより鮮明に浮かび上がる。

にイエスを殺そうと決断した。案の定、ラザロ復活の噂は広まり、多くのユダヤ人が、イエスによって死者のなかから復活させられたラザロを見るために集まってきた。報告を受けたユダヤ教の司祭長たちは、ラザロをも殺そうと決めた（同、一二・九〜一〇）。『聖書』はラザロのその後について語らないが、おそらく死の運命からは逃れられなかったであろう。

†イエスの死体はどう扱われたか

ユダヤ人にとって最も重要な「過ぎ越しの祭り」の前日（金曜日）、イエスは十字架に架けられ、「すべては成し遂げられた」といい、頭《こうべ》を垂れて息を引き取った。

ローマ帝国において行われた通常の十字

架刑の場合、処刑の後に残された死体は、野犬や野鳥に喰わせるか、共同ゴミ捨て場に廃棄された。ローマ帝国に対する異民族反逆者として処刑された者の死体は、丁重に扱われることはなかったのである。

しかし、『聖書』の伝承によれば、イエスの死体（写真5）はアリマタヤのヨセフという最高法院「議員」の手によって埋葬されたとある（「マルコによる福音書」一五・四三）。ヨセフは「イエスの弟子でありながらユダヤ人を恐れてそのことを隠していた」（「ヨハネによる福音書」一九・三八）とされる。磔刑《たっけい》となったイエスの身体は、「ユダヤ人の葬りの習慣どおり、香料とともにその布でまいた」（「ヨハネによる福音書」一九・四〇）。香料は没薬と沈香《じんこう》を混ぜたものであったという。

処刑の場には、母のマリアもいた。しかし、イエスの死体はその親族の手には委ねられなかった。イエスは刑死ではあったが、高潔な死であったと認められたのであろうか。あるいは、イエスに感化された人々にその死体を渡せば、それが信仰の拠り所となるのではないかと警戒されたのであろうか。公権力の側は、アリマタヤのヨセフがイエスに共感していたことを知らずに、厳密に埋葬させるために、社会的地位の高い人物に死体を引き渡したのかもしれない。いずれにせよ、イエスはユダヤ人として、丁重に埋葬されたのである。

2　キリスト復活以後

†消えた死体

イエスの死体は、過ぎ越しの祭りの前日にほら穴の墓に納められ、墓の入口には巨石が置かれた。翌日はユダヤ教の安息日（土曜日）であったために何もせず、安息日が終わった翌日（日曜日）、日の昇る頃にマグダラのマリアなどが墓まで出かけていくと、巨石が転ばされ、死体はそこにはなかった。

その後、主と仰ぐイエスの死にうちひしがれていた使徒たちの前に、イエスが次々と姿を現す。しかも、イエスは身体を伴って現れるのである。

その身体は、イエスの死体と連続しつつも本質的に異なる。使徒たちはイエスに声を掛けられたときに、相手がイエスだとは認識できない。それがイエスだと悟ったとき、人々は、自分が幽霊を見ているのではないかと疑う。

イエスはこうした弟子たちに、磔刑《たっけい》となったときに手と足に打ち付けられた釘の穴、絶命していることを確かめるために兵士が槍で刺し貫いた脇腹の傷を触らせることで、「私の肉と骨は霊にはない」(「ルカによる福音書」二四・三九)と告げる。
この復活によって、イエスは救世主「キリスト」として認められることになり、ここにキリスト教が誕生することとなる。

†終末の予兆

当時、まだ産声《うぶごえ》をあげたばかりのキリスト教を迫害する側にいたパウロは、キリスト教徒を逮捕しに出かける途上で、復活したイエスと出会う。彼はこの体験を契機に、迫害者からキリスト教に改宗する。そのパウロは、復活と肉体との関係について次のように述べている。

ある人は尋ねるであろう、死者はどうしてよみがえるのか、どんな身体をもってくるのかと。愚かな者よ、あなたのまくものは、まず死なねば新たに生かされることはない。あなたのまくものは後に生まれる体ではなく、麦であっても他のものであっても、ただ種粒だけである。神はその種に思《おぼ》し召しのままに体を与え、おのおのにふさわしい体を与えられる。すべての肉が同じ肉なのではない。人間の肉があり、獣の肉があり、鳥の肉があり、魚の肉がある。同様に天上の身体と地上の体がある、しかし、天上の体の輝きは、地上の体とは違う。太陽の輝き、月の輝き、星の輝きは違い、この星のあの星の輝きも違う。死者の復活もそうである。体は朽ちるものとしてまかれ、朽ちぬものによみがえる。(「コリント人への第一の手紙」一五・三五〜四二)

使徒たちやイエスに従った人々、改宗したパウロなどにとって、イエスの死と復活は、終末の予兆として理解された。

まもなく訪れる終末のときに、信者一人ひとりもまた死ぬ。当時の人々は、大地にまかれた麦の種は土の水分を吸って腐ることで、新たに芽生えると考えていた。その麦の種のように死体は腐り、腐った肉体のなかから「種粒」を神が掬い取り、それをもとに神によって新たな肉体が与えられると考えられたのである。

その新たな身体は、生前の肉体と同質のものではなく、それぞれ太陽のような強い輝きをもつもの、星々のようにかろうじて見極められるほどの輝きを放つものなど、個体差を伴うものとして観念されていたようである。

終末のときが訪れ、すべての人類が死んだ後、イエスが再臨し、神の右手に座り、人々を生前の行いによって裁く。殉教者は間違いなく天国に招かれる。ローマ帝国の支配下で弾圧され、多くの犠牲者を出したキリスト教徒は、終末のときが目前に迫っていると信じることで、その信仰を守り抜いていた。イエスは救世主メシア（ヘブライ語）、キリスト（ギリシア語）として、その再臨を切望された。

†過ぎ越しの祭りと最後の審判

この切迫感は、イエスの死と復活が、ユダヤ人のあいだで伝えられてきた出《しゅっ》エジプトのプロセスを下敷きにしていることから生じたものである。この伝承の経緯は、映画『十戒』（監督セシル・B・デミル、出演チャールトン・ヘストン、ユル・ブリンナーなど）を、あらためて観ていただくとして、イエスとの関連でポイントとなることは、過ぎ越しの夜とその直後の出来事である。

主は、エジプトの地で、モーゼとアロンに、こう仰せられた、「……羊か、やぎのなかから、それ（犠牲としてささげる家畜）を選べ。その生き物を、月の十四日まで、そのまま飼っておき、その日の夕暮れ時に、イスラエルの民はすべて寄り集まって、それをほふり、その血を少し取って、食事をする家の入口の二つのかまち、入口のかもいに塗れ。その同じ夜に火で焼いたその肉を、種なしパンとにがなをそえて食べよ。

（中略）

その夜、私は、エジプトの地をめぐり、エジプトの地の、人と獣とのすべての初子を打ち倒し、エジプトのすべての神々に裁きを下そう。私は主である」。(中略)

真夜中、主は、エジプトの国の、王の位につくはずのファラオの長男から、地下の牢屋にいる囚人の長男に至るまで、またすべての家畜の初子をも含め、ことごとく打倒された。ファラオも、その家来たちも、エジプト人も、みな真夜中に起き上った。そして、エジプトでは、激しくわめき叫ぶ声がわきあがった。死人のいない家は一軒もなかったからである。

ファラオは、夜中にモーゼとアロンを呼びつけて言った、「おまえたちとイスラエルの民は、ここを立って、私の民から離れ去ってくれ。……」(「脱出の書」一二・五〜三一)

ここに描かれている情景は、ユダヤ人の家を神が過ぎ越していった夜の出来事である。イスラエルの民は、エジプト人に急き立てられるように解放され、約束の地に向かって移動した。歩いて行ける男だけでも六〇万人もいたという。

イエスはこの過ぎ越しの伝承を踏まえ、自らを犠牲とされた「羊」に見立てる。過ぎ越しの子羊をほふる日にあたる種なしパンの祭りの最初の日に、いわゆる最後の晩餐が行われる。

彼らが食事をしているとき、イエスはパンをとり、祝してそれを裂き、一同に与え、「これをとれ。これは私の身体である」と言われた。また杯をとり、神に感謝の祈りをとなえ、彼らに与えて飲ませ、「これは私の血である。多くの人のために流される契約の血である。まことに私は言う、神の国で新しいものを飲む日までわたしはもうぶどうの実の汁を飲まぬ」と言われた。(「マルコによる福音書」一四・二二〜二五)

出エジプトにおける過ぎ越しの夜からモーセに率いられて解放されるまでの期間は、わずかに七日であった。イエスの死と復活から終末のときを経て救済されるまでの期間もまた、ほんのわずかであると、信者たちは思っていたであろう。

人類全体の死の後に残される大量の死体、その死体はほどなくして朽ちる。それから間を置かず、イエスが再臨し、人々の死体からその「種子」にあたるものを抜き出し、新たな肉体が与えられ、彼らはその身体に備わる目で耳で、神とその右に座すイエスを仰ぎ見る。

新たな身体は、死後四日後に腐臭を発しながらよみがえるものの、司祭長らにその命を狙われるラザロのような一時的な肉体ではなく、復活したイエスの肉体のように、死体からその人を特徴づける本質的な要素は引き継ぎながらも、そのあり方は異なる永遠の身体であると想念されたのである。死体から復活した人々の新たな肉体は、もはや朽ちることはない。このように想念され、切望されていた。

†「黙示録」となかなか来ない終末

しかし、キリスト教の教団は、その後、大きな試練に直面する。すぐに訪れると思われていた終末のときが、なかなか訪れないのである。そのため、信者のあいだに迷いが生じ、教会はその迷いと向き合うなかで、教義を展開させざるを得なかった。

『聖書』の最後に収められている「ヨハネの黙示録」は、おそらくこうした危機的な状況のなかで書かれたものであろう。この黙示録が使徒ヨハネの手になるとすると、この書は、紀元後九四年から九六年ぐらいまでのあいだに書かれたことになる(バルバロ「ヨハネの黙示録解説」)。

イエスが磔刑に処せられた年は、紀元後三〇年頃とされているから、黙示録が成立したのは、その六〇年ほど後である。すなわち、多感なティーンエイジャーのときにイエスの説教を直接聴いた世代が、八〇歳に手が届こうとする時期である。イエス再臨をいつまで待てばいいのか、という信徒の切実な問いかけを受けて、存命していた使徒として、「その時は必ず来る」（「ヨハネの黙示録」一・三）と断言せざるを得なかったと思われる。

ただし、この黙示録には千年王国という言説が含まれる。この言説に対する解釈は、いくつかあるが、ひとつ確かなことは、イエス再臨までの時間的な目盛りが、数年や数十年といった単位から、千年という単位にまで、大幅に引き伸ばされたことである。こうした時の流れのなかでは、死体は完全に朽ち果て、跡形もなくなってしまう。

つまり、死後に残された自分の死体と、イエス再臨の際によみがえる新たな肉体とのあいだの物質的な連関は断ち切られる。また、審判についても、死の直後にくだされるものと、終末のときに明らかとなるものとのあいだにも、時間的な断絶が現れる。生前の肉体と死後の死体と復活後の新たな身体、それら三つの肉体の相互の関連についても、様々な考え方が現れるし、審判の位置づけについても、新たな考え方が出てくる。

その新たに追加された考え方とは、私審判と公審判との分離である。死によってその人の生前の行いについて、決算ができるようになった時点で、神の基準から個々人について価値判断が下される。これが私審判である。他方で、最後の審判という人類の総決算のなかでくだされる価値判断が、公審判である。

私審判と公審判とのあいだの空隙《くうげき》を埋めるために、死を契機に肉体から霊魂は分離し、復活のときを待つという考え方が現れた。本章の冒頭で取り上げた日航機事故のエピソードにも、こうした考え方が背景にあるのであろう。外国のキリスト教徒たちが、霊魂が神のもとに召されたのだから、現場の人に迷惑をかけてまで、死体をわざわざ引き取らなくてもよいとした、遺族のあの姿勢のことである。この発想は、ギリシア哲学に由来する身体と霊魂の二元論に接近している。しかし、今日のカトリック教会の公式の考え方においては、このような二元論は否定されている。

†煉獄の誕生

カトリック教会の公式の見解は、かつては「公教要理」と呼ばれていた。私は堅信《けんしん》式を迎える前に、子ども向けの問答形式の「要理」を勉強させられたことを記憶している。堅信式を経ることで、ミサの際に聖体《せいたい》（ホスチア。キリストの身体と観念される酵母なしのパン。具体的には白いウエハース）を拝領《はいりょう》できるようになった。現在は「カトリック教会の教え」と呼ばれている。

現時点での公式見解として、そこには次のように記されている。

復活の体は、必ずしも、今の体と同じものではありません。しかし、わたしたちがこの世での体と連続性を有しているものであり、受肉されたキリストの体が永遠の価値があるものであるように、わたしたちのこの世で生きた体も永遠の価値があるものとなるということを教えてくれます。(中略)

キリスト教の伝統においてさえ、人間の精神面を重んじ、身体的なことがらや周りの物質的なことを軽視する傾向が、少なからずありました。しかし、体の復活の信仰は、人間存在のみならず、この世の被造物全体が神のもとでの完成を得るのであると教えています。この信仰は、わたしたちがより真剣に、そして喜びと希望をもって、この世とかかわることをわたしたちに促しています。

なお、体の復活は、最後の審判(公審判)において、つまり終末においての出来事であるといわれていることから、人は私審判の後、世の終わりまでは、魂だけで存在するのか、また魂だけで天国に行くのかなどといった議論がなされてきました。こうした議論は、現世の時間の秩序の枠組みで永遠を考えており、あまり意味を持たないと思われます。公審判と私審判は、同一事が、世界全体の完成、個人の完成という二つの側面から語られているのだと理解してよいでしょう。(新要理書編纂特別委員会『カトリック教会の教え』カトリック中央協議会、二〇〇三)

「現世の時間の枠組みでは永遠は捉えられない」という言説は、カトリックでしばしばみられる逃げの一手であろう。これに関しては、有名な話として、神学者アウグスティヌス(三五四〜四三〇)のエピソードが挙げられよう。

父と子と聖霊の三位一体《さんみいったい》をどう理解したらよいのか、と頭を悩ませていたアウグスティヌスが、気分転換のために浜辺に出て散歩をしていたら、子どもが砂浜に穴を掘って、一生懸命に海水をそのなかに入れているところに行きあった。「何をしているんだい」と訊くと、「海の水を全部このなかに入れようとしているのさ」。「それは無理だよ」というと、子どもは「三位一体のわけを人の頭で理解しようとするよりも、大海の水をすべて浜の穴にいれる方が、ずっと易しいよ」と言うや、その姿は消えてしまった。

この話は、私が小学校四年のときに、父に——その内容は忘れてしまったが——神学の本質に関わる質問をした際、父が諭すように語ってくれた物語である。このときに、口答えはしなかったが、私のなかでカチンとくるものがあった。答えが容易に見つからなくても、また、答えが見つかろうが見つからなかろうが、考え抜くことが必要ではないか。そのときの想いを言葉にするならば、そのようなことになるだろう。今でも私は、歴史を学ぶものとして、この永遠という概念を、思考実験をする際の重要なテーマとして、いつでも取り出せるようにペンディングにし続けている。

話が少し脱線した。

私審判と公審判とが分離したことで、カトリックでは煉獄《れんごく》という考え方が新たに現れ、一五・一六世紀の公会議によって、正式な教義として認められた。

私審判において、天国に昇ることが確約されるのは、キリスト教のために殉教するなどの行為を行ったほんの一部の人間だけである。とはいうものの、徹頭徹尾、神の教えに背き、地獄に下されると決まる人も、それほど多くはないだろう。大多数の人間は、正しく生きようとしても、罪を犯している。あるいは善良ではあるものの、キリスト教と接する機会を持たず、洗礼を受けることなく死去した人は、あまた存在する。洗礼前に夭折した幼児もまた、死後の行き場がない。そうした霊魂の受け入れ先として、煉獄が誕生したのである。

煉獄とは清めの場だとされる。私審判から公審判までのあいだ、天国にも地獄にも行けない中間的な人々が煉獄に送られ、生前の行いに応じて、責め苦しめられて罪が浄化され、天国に迎え入れられる資格を得る。

罪の重さに応じて、煉獄で味わう苦しみの重さが決まる。生前に功徳を積んだり、死後に残された人々が死者のために祈ったり、教会に寄付を納めたりすることで、その苦しみが軽減されるとも信じられた。宗教改革のなかで否定された免罪符も、煉獄の存在が信じられていたからこそ、発行されたのである。

†カトリックと離婚

私はバツイチである。一回目の結婚のときに、相手の女性はクリスチャンではなかったが、私の母方の叔父が神父であったこともあり、叔父に頼んで、教会で式を挙げてもらった。結婚に先立ち、神父のもとにしばしば通い、その女性と私は『聖書』の基本などを学んだ。これは、信者と信者でない人が結婚する場合に必要な「異宗婚の障害の免除」の務めであった。

そして五年後に、私たちは離婚した。離婚したことを父に話したとき、父の顔は曇り、その行いは「煉獄では済まないかもしれない」という。「相手の女性がクリスチャンでなかったので、まだ、日本の大司教の許諾があればよい。もし夫婦そろってクリスチャンであった場合には、バチカンにまでお伺いを立てなければならないかもしれない」。さらにつぶやくように「死別であればよかったのに」とまでいった。

信仰に裏付けられて善良であろうとしてきた父が他人の死を願うとは、私にとって驚きだったが、その父の苦悩も理解できた。さらにカトリックそのものに対する疑問も生じた。生来の無精さゆえに、そのまま神父に相談することもなく再婚した。麻布教区の教会文書において、おそらく私はいまだに前妻と夫婦となったままになっていると思われる。

婚姻関係を教会の許可なく解消し、さらに再婚に向けて女性と付き合っている私は、姦《かん》淫《いん》の罪を犯していることになる。無知ならばまだしも、堅信式まで経ている私の場合は確信犯ということになり、下手をすると地獄、よくても煉獄で重い責め苦を受ける、と父は考えたものと思われる。私の父は、息子が受ける苦しみを少しでも軽くできればと祈っていたのかもしれない。

カトリックにおいて、結婚は「秘跡《ひせき》」の一つである。教会という共同体を維持していくためには、セックスを認め、子どもを産み育てなければならない。そのように、罪でもある性行為が認められるためには、厳格な宗教的手続きを経なければならないのである。

カトリックのもとで結婚した場合、離婚は難しい。歴史のなかでは、イギリスのヘンリー八世の離婚をみれば、納得がいくだろう。社会的には、カトリックの影響力が強かったフランスで事実婚が多いことに見て取ることができる。フランスの民法が成立したときに、カトリックの影響を強く受けたため、二人のあいだで協議が成り立っていたとしても、必ず弁護士を立てて裁判を行わなければならない。費用も時間も掛かる。そのために、正式に結婚することを躊躇《ちゅうちょ》する人が多いのである。

フィリピンでは、離婚は法律のうえでは認められていない。そのため、結婚する前に同棲して、相手との相性を確かめることがしばしば行われている。また結婚したものの、どうしても別れたい場合には、結婚が無効であったとし、そもそも結婚していなかったのだと事後的に認めてもらうしかない。しかし、フィリピン人の知人から聞いた話では、結婚していた時間がすべてなかったことにされてしまうことに心のわだかまりがあり、かつての連れ合いとは何年も前に別居し、現在は新しいパートナーと生活を共にしているが、法的には別れたことにはなっていない、という。

　信仰をよそにして勝手に離婚した息子のために祈る父のように、カトリックの敬虔《けいけん》な信者は身近な人のために、キリストに神へ執り成していただくようにと祈りを献げることで、身近な人の死後の煉獄での苦しみが軽減されると考える。心から祈ってくれる人がいれば、浄化のプロセスは早く進む。中世ヨーロッパでは、一四世紀から一六世紀までのあいだ、こうした考え方に基づいて、腐敗する身体を彫像にして墓に立てた。無残な墓像を哀れんで祈ってくれる人が多ければ、故人の罪は軽くなり、責め苦も和らげられると信じられたのである。

†腐乱死体の彫像

　日本で開催された「ルーブル美術館展：肖像芸術——人は人をどう表現してきたか」

（二〇一八、国立新美術館ほか）の会場で、その前に人だかりができている彫像があった。「ブルボン公爵夫人、次いでブーローニュおよびオーヴェルニュ伯爵夫人ジャンヌ・ド・ブルボン＝ヴァンドーム墓石」（写真6）である。顔をしかめて足早に立ち去る観客がいる一方で、思いがけないものを見てしまったと驚きの表情で立ちすくむ人、怖いもの見た

写真6　ブルボン公爵夫人、次いでブーローニュおよびオーヴェルニュ伯爵夫人ジャンヌ・ド・ブルボン＝ヴァンドーム墓石

さでその場を動けない人、墓像に呼応して自らの下腹、腸のあたりをさする人。これほど観る人の反応が多様な出展品は、他にはなかった。

高さ一七八センチの石像は、腐乱が進んだほぼ等身大の女性の姿である。頭に被ったヴェールの下からのぞく顔は、死に始まる時の流れが生気をそぎ落とし、衣服はなかば朽ち果て、ほつれた髪があらわになった胸を覆う。胃のあたりからはウジ虫が皮膚を食い破り、下腹からは腸が露出している。

図録の解説によれば、一五一一年に五〇代半ばで亡くなったこの女性の三番目の夫が、フランスのオーヴェルニュ地方ヴィック＝ル＝コントのフランシスコ修道会の教会に造った墓に、その墓像を置いたという。死体が収められた石棺《せっかん》の縁には、「彼女の魂のために祈りたまえ」という言葉で終わる銘文が刻まれている。石棺のうえには、美しい宮廷衣装をまとい、手を合わせている横臥《おうが》像《ぞう》があったが、今は失われている。この横臥像の足元に、その腐乱した立像が置かれていた。

こうした腐敗屍《し》骸《がい》像は、トランジ（transi）と呼ばれる。「通り過ぎる」という意味をもち、死から始まるプロセスを指している。カトリックに基づく解釈では、肉体の腐敗は罪の証とされる。その姿を石に刻んで人前に曝《さら》すことで、その罪を告白しているのだと考えられた（小池寿子『死を見つめる美術史』ポーラ文化研究所、一九九九）。告白することで、煉獄の責め苦は軽減される。製作を依頼する場合は、死後何日を経た死体の姿でトランジを作成して欲しい、と生前に言い残すのだという。

ルーブル美術館から日本に運ばれてきたトランジも、日本の観客の視線を受けることで、その人生のなかで犯した罪を告白している。屍骸像に視線を奪われることなく全体を眺めてみると、頭の上に広がる庇《ひさし》は、ホタテ貝のような形をしている。ボッティチェッリの「ヴィーナスの誕生」で美の女神が乗っている貝を、ちょうど逆さまにした形である。煉獄での浄化を終えたあと迎える最後の審判で、美しい肉体を伴って復活したいという彼女の願いを、ここにみることができるのではないだろうか。

†プロテスタントとカトリックにおける煉獄

一六世紀の宗教改革において、プロテスタントは煉獄の存在を否定する。煉獄での浄化に伴う苦しみを減免するために、教会の定めに従って祈りが献げられたり、献金がなされたりする。こうした行為に対して教会・教皇が発行した証明書が、「贖宥状《しょくゆうじょう》」である。これが金銭で売買されていたのである。

教会の腐敗を批判するなかから、宗教改革は始まった。最初に批判したマルティン・ルターは、はじめのうちは煉獄の存在を否定しなかった。しかし、プロテスタントの動きが広がるとともにやがて、煉獄があるから教会が金まみれになるのだ、とされるようになる。ルターも後に煉獄の存在を否定し、プロテスタントに属する宗派は煉獄を認めなくなった。

プロテスタントからの批判を受けて、カトリック教会の側も、いずまいを正さざるを得なくなり、死者の魂を救済するという口実で寄進《きしん》を求めることは自制された。死者の魂を救済するか否かは神が判断することであり、人間が関与できることではないと考えられるようになっていった。こうした時代の趨勢《すうせい》のなかで、プロテスタントではもちろん、カトリックにおいてもトランジは造られなくなっていく。そして、葬儀において死体を前に、死者のために執り成しを祈ることも行われなくなる。

現代のカトリックにおいても、煉獄を強調して寄付を求めたり、教会への貢献を促したりすることはない。しかし、プロテスタントとは異なり、彼らは煉獄の存在は否定してはいない。一九六二年から六五年のあいだに行われたカトリックの第二バチカン公会議を経て、典礼の改革が推し進められた。これを経て出された公文書は、『第二バチカン公会議公文書改訂公式訳』(第二バチカン公会議文書公式訳改訂特別委員会カトリック中央協議会、二〇一三)で読むことができるが、そのなかで煉獄に下された霊魂について、「死後まだ清めを受けている兄弟たち」と記されている(「教会憲章」第七章「旅する教会の終末的性格および天上の教会との一致について」第五一項「司牧上の指針」)。

現代のカトリックは独善的な立場を改めて、「唯一のあわれみ深い神をわれわれとともに礼拝するイスラーム教徒」「キリストの福音ならびにその教会を知らないとはいえ、誠実な心をもって神を探し求める人々」「神をはっきりとは認めていないとはいえ、神の恵みに支えられて正しい生活しようと努力している人々」など、キリスト教以外の宗教の信者をも、神の民に秩序づけられているとする（同書、第一章「教会の神秘について」第一六項「キリスト教以外の諸宗教」）。

どの宗教を信仰しているかを問わず、人はいかに誠実であろうとしても、全方位に誠実であることは不可能である。また、いかに極悪人であったとしても、人智を越えた「神のみ旨《むね》」に百パーセント反することも、そう容易なことではない。大多数の人は、煉獄を経るにしても最終的には浄化されて天国に迎えられるというわけである。

しかし、神の裁きよりも愛を強調する現代のキリスト教であっても、「地獄」の存在は、否定されない。それはなぜだろうか。

その理由は、人間は「自由」なものとして造られたとされるからである。もし、すべての人が天国に行くのだとすると、人は神にとって操り人形と同じ存在になってしまう。少数ではあっても地獄に落ちる人が存在することで、人間の「自由」が担保される。そして、あえて地獄行きを選ぶものは、神の恩寵《おんちょう》を人智で理解しようとする高い知性と、地獄での永遠の苦痛を受容する強い意志を具《そな》えている必要がある。例えば、モーツァルトの歌劇『ドン・ジョバンニ』のような作品には、そうした人間のイメージが描かれているのである。

3 死体と献花

†父の死

大正生まれの父は、八三歳で死去した。

日課としていた散歩の際に、ひどい転び方をした。骨折はしなかったものの、すっかり出歩く気力を失い、自宅で寝たきりに近い状態になってしまった。一日のほとんどを寝て過ごす父の容態を心配した家族が入院させた。

病室での最初の数週間は、ときに気力を幾分かは取り戻し、二・二六事件の雪の日の出来事、学徒動員の模様、海軍に入れられて主計中尉として鹿児島にいたときの終戦、天皇の写真を海軍省に送り届ける最後の任務、写真を膝の上に抱えて飛行機の特等席に座らされたが、海軍省に写真を渡すと、もう用はないと追い立てられた夏の日のことなど、同じ話を何度も繰り返していた。

　彼は戦後、様々に生き方を模索し、最後にキリスト教を選んだのである。私のような幼児洗礼ではなく、主体的に選び取った信仰であった。それゆえに、父は敬虔なクリスチャンになった。

　危篤《きとく》だという連絡を受けて病棟に入ると、父は大部屋から狭い個室に移され、昏睡《こんすい》していた。傍らに置かれた簡易ベッドで、私は仮眠を取った。何時かは定かではない。深夜にふと目がさめる。そのとき、父はうなり声を上げた。意識が戻ったのではない。そのときに事切れ、父の肉体は死体に移行する。筋肉が弛緩して、肺に残っていた最後の空気が、喉を鳴らして外に出た。

　ベッドのなかで私はぼんやりと、「人は死ぬとき、息を引き取るのではなく、息が漏れ出るのだな」などと考えていると、廊下から足音が聞こえ、看護師が部屋に入ってきた。父の様子を確認すると、続いて医師が来る。そして、父の死がそこで確認された。

　病院の地下の霊安室に、父の死体は移された。医師の死亡診断書があるため、検視は必要なく、さっそく次の手続きに入る。父が通っていた教会と、教会に出入りしている葬儀業者とに電話をかける。夜が完全に明けた頃、葬儀業者の用意した霊柩車《れいきゅうしゃ》に、棺に収められた父の死体を乗せた。

教会の集会場で行われた通夜には、教会で父と懇意だった方々と親族だけが集まり、私が喪主として生前の父のことを話した。その場には、葬儀業者の手で整えられ、生前の面影を残した父の死体が棺のなかに納められていた。

翌日の告別式は、聖堂で行われた。祭壇の前に父の死体を納めた棺が置かれる。神父が、ミサのときに父がいつも決まった席に座って、大きな声で賛美歌を歌っていたということに触れて、彼は「神に召された」のだといった。場の雰囲気は、別れを惜しむというよりは、門出を祝うというものであった。ミサが始まり聖体拝領のときに、私はそれをいただかなかった。クリスチャンであった親族は、怪訝《けげん》そうな表情を見せていた。

最後に列席者は、棺のなかの父の死体のまわりに、ユリなどの花を添えた。そして、死体は火葬場に運ばれていった。

†キリスト教における献花と葬儀

現在、日本のキリスト教の葬儀では、棺のなかに花を入れたり、棺の前に据えられたテーブルに献花したりすることが、一般的に行われている。しかし、一九六〇年代以前には、献花は行われていなかった。死体を前にして献花することは、仏教式葬儀の焼香《しょうこう》に類する行為とみなされ、キリスト教が禁じている偶像崇拝や祖先崇拝に結びつきかねないとして、葬儀に取り入れられていなかったからである。

その後、第二バチカン公会議を経て、献花が認められるようになる。


葬儀は、キリスト者における死の過越の性格をより明らかに表現し、典礼色も含めて、それぞれの地域の状況と伝統にいっそうよく適合したものでなければならない。（前掲書、第三章「他の諸秘蹟と準秘蹟」第八一項「葬儀の刷新」）


こうした考え方に応じて、日本でも新たにカトリック儀式書が出された。そのなかで、葬儀のときに、司祭が柩に向かって献香《けんこう》を行うとともに、死者の遺族や参列者が花を添えたり、香を焚いたりして故人に別れを告げることが認められた。

カトリックと比較して、いっそう理念に忠実であろうとするプロテスタントも、第二バチカン公会議の影響を受けて、死体に対する儀式を見直している。例えば、聖公会は一九六四年に行われた英国教会典礼委員会において、葬送式の五つの重要な機能の一つとして、「遺体を敬虔さをもって処置すること」としている。

しかし、牧師のなかには死体の近辺に花を添えることが、偶像崇拝や祖先崇拝に結びつくと考える方もいるという。献花の際に、参列者に対して死者に礼拝しないようにと注意するため、単に花を移動させるだけで終始することになる（井上彰三『心に残るキリスト教のお葬式とは——葬儀の神学序説』新教出版社、二〇〇五）。

私の父の葬儀を、今振り返ってみると、それは亡くなった父のために行われたわけではないことが明らかとなる。葬儀の内容によって、父の霊魂が救われるというものではない。キリスト教の教義においては、神にすべてが委ねられていることになるからである。葬儀は父の死後に遺された人々のために行われたといってもよいだろう。神父の説教のなかでは、父の生涯が紹介され、日曜の礼拝における父の姿が描写され、そして教会への父の奉仕が語られる。こうした話のなかで、列席した人々の脳裏に、父の存在が刻まれるのである。

カトリックの告別式の際に、列席者が行う一般的な共同祈願のなかで、次のような文言が先導者によって唱えられる。

生前、私たちのいたらなさから故人を悲しませたり、傷つけたりしたことをお許し下さい。主イエス・キリストのゆるしの恵みによって、いつの日か永遠の喜びを共にすることができますように。

棺のなかに横たえられた父の死体のまわりに花を添えた列席者は、父の霊魂のために手を合わせたのではなく、死体に父の生前の面影を求め、在りし日々の交流を思い起こしている様子であった。

死体は、いったんは朽ちたり焼かれたりして、その生前の姿を留めなくなる。しかし、最後の審判を経て、肉体は新たによみがえる。その永遠の肉体の核となるものは、死体から引き継がれる「何か」なのである。

死体は、よみがえった後に、その人のものになるのである。

第五章

浄化される死体

——日本

1　恐ろしい死体——古代・中世

†ゾンビになったイザナミ

様々な死体の描写があるなかで、日本で最も古い記述は、おそらく『古事記』の次の一節であろう。なお、傍点部は漢字を借りて当時の言葉を写し取った箇所である。

湯津津間櫛之男柱一箇取闕而、燭一火入見之時、宇士多加禮許呂呂岐弖、於頭者大雷居、於胸者火雷居、於腹者黑雷居、於陰者拆雷居、於左手者若雷居、於右手者土雷居、於左足者鳴雷居、於右足者伏雷居、并八雷神成居。

日本という国を生んだイザナギは、ともに国産みを行った妻のイザナミに会いに黄泉《よみ》の国に行く。すでに黄泉の食べ物を口にしたイザナミは、すぐには戻れない。戻ってよいかどうか黄泉の神に尋ねるが、戻ってくるまでのあいだ、自分を見ないようにと言われる。

しかし、いつまで待っても妻は戻ってこない。

しびれを切らしたイザナギは、髷《まげ》を留めるために頭に刺していた「ゆつつま櫛（湯津津間櫛）」から側面の太い歯を折り取り、火を灯して暗がりのなかに妻の身体を見る。その櫛は現代の櫛とは異なり、竪櫛《たてぐし》で簪《かんざし》のような形をしている。

イザナミは神であるから、死にはしない。そしてイザナギが見たものは、厳密に解釈すれば、死体ではない。しかし、暗がりのなかに揺らぐあかりのなかに見たものは、明らかに死体のように描写されている。イザナミは黄泉の神に談判に行っているのであるから、その場に残された身体は、その抜け殻である。「から（空）だ」、別の言葉で表すならば「むくろ」ということになるだろう。

その身体には「ウジ虫（宇士）たかり（多加禮）、ころころと（許呂呂岐弓）」うごめいていた。「許呂呂岐弓」が「斗呂呂岐弓」となっている底本があり、その場合には「とろろぎて」と読み、「とろろ」のように、腐乱してとろけている様子を表すのだという（「古事記・現代語訳と注釈～日本神話、神社、古代史、古語」https://kojiki.ys-ray.com/、二〇一八年一二月閲覧）。

同じ場面が、『日本書紀』では、別の書からの転載という形で簡潔に次のように記載される。

膿沸蟲流。(『日本書紀』巻第一、第五段、一書第六)

膿がにじみ出し、ウジ虫が流れるように這っている。

神の身体から生まれたウジ虫は、普通のハエの幼虫ではない。頭には大雷《おおいかずち》、胸には火雷《ほのいかずち》、腹には黒雷《くろいかずち》、陰部には折雷《さくいかずち》、左手には若雷《わかいかずち》、右手には土雷《つちいかずち》、左足には鳴雷《なるいかずち》、右足には伏雷《ふしいかずち》と、あわせて八柱の雷神《らいじん》であった。これをどのように解釈するかは、諸説あるようだが、勢いが猛々しいさまを表していると、ここでは見ておきたい。

イザナギは妻の身体に驚愕《きょうがく》し、逃げ出してしまう。イザナミはその身体を光に曝《さら》されたことに激怒し、黄泉の醜女《しこめ》とともに、自らの身体から生まれた八つの雷神に夫を追わせる。イザナギは竪櫛の歯を折り、追っ手に向かって投げて障害物を作ることで振り切るが、最後には、イザナミ自身が追いつかんばかりとなった。イザナギは巨石で黄泉と現世とを繋ぐ入口を塞ぎ、ようやく難を逃れるのである。

生命を持たない「からだ」は、恐ろしいものであった。イザナミは、「ゾンビ」になったのだ。

†火葬も埋葬もしない「もがり」の風習

『古事記』に記されたこのストーリーは、世界中の民話にしばしば登場する「見るなのタブー」のパターンをなぞりながら、生者の世界と死者の世界が分離された理由を解き明かす内容となっている。そうした様々な事象の来歴を説明する神話の一つだということができよう。しかし、ここで異様なのは、「からだ」の、簡潔であり、また生々しい描写である。

腐乱していく死体を身近に観察していなければ、このような表現は生まれない。古代の日本に、もがりの慣習があったことが、その背景にある。

この風習については、いわゆる「魏《ぎ》志《し》倭《わ》人伝《じんでん》」、正確に表記するならば正史『三国志』「魏書」第三〇巻「烏《う》丸鮮卑《がんせんぴ》東夷《とうい》伝《でん》・倭人条《わじんじょう》」にも、次のような記載がある。

> その死には、棺ありて槨《かく》なし。土で封じ冢《ちょう》を作る。始め、死して喪にとどまること十余日。時にあたりては肉を食さず、喪主は哭泣《こっきゅう》し、他人は歌舞、飲酒に就く。已に葬《ほうむ》るや、家を挙げて水中に詣《いた》り澡浴《そうよく》す。以《も》って練沐《れんもく》の如《ごと》し。

死体は棺に入れるが、古代中国の墳墓では一般的な棺を収納する構造物であった槨はなく、土葬していたという。埋葬する前に一〇日あまり、死体のまわりで喪に服したという。

また、時代がくだり、七世紀の日本の状況を伝える『隋書《ずい》』には、次のような記載がある。

死者は棺槨《かんかく》を以って斂《おさ》め、親賓《しんひん》は屍《しかばね》に就いて歌舞し、妻子兄弟は白布を以って服を作る。貴人は三年、外において殯《もがり》し、庶人は日を卜《ぼく》して瘞《うず》む。（巻八一列伝第四六「東夷・倭国」）

皇族などの高貴な人々は、三年ものあいだ屋外に死体を置いて死者を弔った。庶民はそれほどの長期間ではなく、適切な日取りを占い、その占いに従って埋葬したのだという。「もがり」に「殯」の漢字をあてるのは、中国の史料によるものである。死体を長いあいだ火葬にもせず、埋葬もしない風習を、なぜ大和《やまと》言葉で「もがり」と呼ぶのか。この点について、日本中世史の勝俣鎮夫《かつまたしずお》は、日本の東北地方で土葬した墳墓のまわりに竹で編んだ囲いをつくり、それをもがりと呼ぶことと関連があるのではないか、と指摘している。竹で囲むのは、穢《けが》れを封じ込めるためであるとされる（勝俣鎮夫「日本人の死骸観念」『中世社会の基層をさぐる』山川出版社、二〇一一）。

もがりの風習は、中国からの律令制の導入や仏教の普及とともに、姿を消したとされるが、簡略化される形で後世まで残っている。九世紀にまとめられた『日本国現報善悪霊異記《げんほうぜんあくりょういき》』、通称は中抜きして『日本霊異記《りょういき》』として知られる日本最古の仏教説話集には、もがりを行う風習が、この時期にも存在していたことを窺わせる物語がいくつも収められている。もがりは決して仏教に由来するものではない。むしろ、日本人が仏教を受け入れるときに、日本の文化に翻訳しながら受容したということを、如実に示している。『日本霊異記』のなかから、死体をしばらく埋葬せずに置いておく風習に関する記載を、順番に抜き出しておこう。

†よみがえりと「もがり」

天皇の命を受けて「雷神《なるかみ》」を捕まえた少子部《ちいさこべ》の栖軽《すがる》は、死後、天皇がその忠孝を偲《しの》んで、七日七夜、留め置いた。その後に、雷神を捕まえた場所に墓を作って、柱を立てて「電《でん》を取りし栖軽の墓なり」と刻んだ。雷神はこれを憎んで、墓に落雷したが、なんと柱の裂け目に挟まって、またも捕まってしまう。天皇はあらためて墓に柱を立てて「生きても死にても、電を捕らえる栖軽が墓なり」と記させた（上巻・第一）。この説話から、死後にもがりの待遇を受けるのは、名誉であると考えられていたことが読み取れる。このもがりの期間は七日七夜である。

大部屋栖野古《おおともものやすのこ》の連《むらじ》の公《きみ》は、人となりが清浄で、三宝《さんぼう》（仏法僧《ぶつぽうそう》）を尊重していた。物部氏《もののべ》が仏教を排斥しようと多くの寺を焼き、仏像を廃棄したときも、かたくなに仏像を差し出すことを拒んだ。彼はのちに厩戸皇子《うまやどのおうじ》（いわゆる聖徳太子）の侍臣《じしん》となった。難波で冬一二月八日に亡くなったとき、天皇は七日間、その死体をとどめるように命じて、その忠を詠嘆《えいたん》された。三日が経ったとき、彼はよみがえり、妻子に次のように語った。五色の雲を北に渡ったところで、すでにお隠れになった聖徳太子が待っておられた。太子に、「早く家に帰って、仏を造る所を掃除せよ」といわれてよみがえったのだ（上巻・第五）。もがり期間は七日だったものが、よみがえったために早めに切り上げられた。

膳臣広国《かしわでのおみひろくに》は秋九月一五日に突然に死んだ。三日を経たのちに生き返り、死後の世界での見聞をつぶさに話す。罪がなく、生前に観世音経《かんぜおんぎょう》を写した功徳のために、生き返ることができたのだと語った（上巻・第三〇）。よみがえるまでの三日間、死体を埋葬しなかったために、よみがえることができたということがわかる。

摂津《せっつ》の国に裕福な一家の主が住んでいた。漢神《からかみ》の祟《たた》りから逃がれようと、七年と期限を決めて、毎年一頭の牛を殺した。しかし七年に願《がん》が明けると、重病になってしまう。病が癒えないのは殺生《せっしょう》のためか、と思い、それから七年のあいだ仏教の戒律を守り、生き物を買っては放って功徳を積んだ。七年が経ち、臨終に及んで、妻子に「一九日は死体を置いて、焼くな」と告げて他界した。

それから九日目、よみがえって死後の閻魔《えんま》の裁判の話をした。富者に殺された七頭の牛が牛頭の鬼となり、富者の罪を述べ立てる。一方で、富者に命を救われた多数の生き物たちが人の姿で、富者に罪はないと弁護する。九日目、閻魔は多数決で富者がよみがえることを許したという（中巻・第五）。漢神とは、中国系の仏教以外の神を意味している。道教系の神だろうか。高貴なものでなくても、しっかりと遺言しておけば、もがりの対象となった。この説話では、もがりの期間は一九日である。

河内国《かわちのくに》の僧侶の智光《ちこう》は、天皇に尊敬される行基《ぎょうき》を妬《ねた》んだ。一カ月ほどの大病の後、死に際して弟子たちに、「私が死んでも、九日のあいだはそのままにして待ちなさい」と告げる。死後、地獄で苛《さいな》まれた後、あの世の宮殿の門前に待っていた人が、「行基菩薩が日本を教化したあと、この宮殿に生きながら来られる。けっして黄泉竈火物《よもつへもの》を食べるな。さあ、現世に還れ」と言われ、そしてよみがえった。その後は、心を入れ替えて、仏法を広め伝えた（中巻・第七）。この説話では、『古事記』にある、黄泉の食べ物を口にすると、よみがえれなくなるという約束事が登場する。ここでは、もがりの期間は九日間とされる。

†よみがえるために必要なこと

讃岐国《さぬきのくに》に富者がいて、近所の赤貧《せきひん》の老人に食事を与えていた。富者の使人は、老人を嫌い、自分たちの食事が減ってしまうと文句を言う。ある日、その使人が釣り人と海に出かけたところ、釣り糸に一〇個の牡蠣《かき》が絡みついてきた。使人はそれを買い取り、放してやる。また別の日、薪《たきぎ》を取るために枯れた松に登ったところ、落ちて絶命する。

彼は卜者《ぼくしゃ》（占師）に憑依して、「私の身を焼かないでくれ、七日のあいだ置いておいてくれ」と言う。卜者の言葉に従い、山から死体を運び出し、それを置いて約束の日まで待つ。そして七日目、彼はよみがえる。

彼がその妻に告げるには、「死後に法師が五人、優婆塞《うばそく》が五人、道を案内してくれた。黄金の建物があり、これはおまえの主人が貧しきものを養った功徳で、死後にここに住むことになる、という。その法師と優婆塞は、私が救った牡蠣《かき》だった。門前にはおいしそうな食べ物が用意されていて、多くの人が飲み食いしているのだが、私は食べることができず、飢えて口から炎が出る苦しみを味わった。これは、私が貧しい人に施《ほどこ》しをしなかった罪の報いだという。法師たちは、生を放ち命を贖《あがな》った功徳によって、私をよみがえらせてくれた」（中巻・第一六）。シャーマンに憑依して、もがりを依頼している点が興味深い。

また、死後の世界の食べ物を口にできなかったために、よみがえることが可能となっている点に特徴がある。ここでは、もがりの期間は七日間である。

在家で修行している女性が、別に病気でもないのに亡くなる。閻魔の王宮に赴くと、閻魔大王が出迎え、「おまえは美しい声で般若心経《はんにゃしんぎょう》を読んでいると、耳にしている。私も聴きたいと思う」と言う。読経すると、閻魔は喜び、三日目に、「今はすぐに還れ」と言う。こうして彼女はよみがえった（中巻・第一九）。もがりに指定された期間がどれほどであったのかは不明だが、三日間は埋葬されなかったことは明らかである。

讃岐国山田郡に布敷臣《ぬのしきのおみ》の衣女《きぬめ》という娘がいた。急に病にかかったとき、ご馳走を用意して門の左右に置き、疫病神に振る舞った。疫病神は衣女を引き連れていこうとしたとき、そのご馳走を見て、「おまえの饗応を受けるが、その恩に報いて、同姓同名の娘を身代わりにしてやろう」と言った。疫病神は、鵜垂郡《うたりのこおり》に住んでいた同名の衣女のもとに行くと、その額に鑿《のみ》を打ち立てて、連れ去っていく。山田郡の衣女は、死を免れて家に帰る。

しかし、この替え玉が閻魔大王に見破られ、山田郡の衣女があらためて召し取られる。一方、鵜垂郡の衣女は現世に戻ることとなった。ところが家に帰り着くと、死後三日のあいだ読経したあとに、その死体は火葬にされていた。困った鵜垂郡の衣女が、閻魔王に苦情を申したてたところ、山田郡の衣女の体があるならば、そちらへよみがえるよう言われて、そちらでよみがえった。山田郡の娘の身体でよみがえった鵜垂郡の衣女は、閻魔王の話を両家の両親に説明し、両家の娘となり、四人の父母を得て、二つの家の宝を得ることになった（中巻・第二五）。鵜垂郡の娘の死体は、三日間はもがりされていたことがわかる。この説話の結論は、「このように鬼に供え物をする功徳は、むなしいものではない。財産を持つものは、饗応すべきだ」という。奇妙な話である。

†地獄に招かれる理由

藤原朝臣広足《あそんひろたり》は、病を癒やすために、大和国の山寺に籠もって戒律を守っていたが、日暮れ時、机に就いたままの姿で亡くなった。侍者が広足の家に戻り委細を告げると、親族はもがりに必要な物を準備した。三日目に行ってみると、広足はよみがえっている。その話では、亡くなった妻が、地獄の苦しみを共に分担してほしいというので招かれたのだという。広足が亡妻のために法華経《ほけきよう》を写して供養したいというと、すぐに許されてよみがえったのだ、とのことであった（下巻・第九）。ここでのもがりの期間は三日間だった。

信濃国に舎人蝦夷《とねりえびす》という里のものが住んでいた。多くの財宝に富み、銭や稲を貸し付ける一方、法華経を二回ほど写して、そのたびごとに法会《ほうえ》を行った。四月下旬に、急死する。妻子は「この人は丙《ひのえ》の年の生まれであり、火葬ではさわりがある」として、埋葬する場所を決めて塚《ハイヤ》を作り、もがりして死体を置いておいた。

死後七日目によみがえる。語るところによれば、死後に閻魔大王の前に引き出され、六日間、地獄の責め苦を受け、三人の僧に次のように諭された。「おまえは確かに法華経を写した。しかし、その一方で重い罪を犯している。貸し付けを行う際に二種類の秤《はかり》を使い、貸し付けの時は軽い秤を用い、返済させる時には重い秤を用いた。そのために、召し出されたのだ。もうよい。還れ」と言われ、よみがえったのだという（下巻・巻二二）。火葬せずに土葬をする際に、もがりが行われている。その期間は七日あまりである。

信濃国に大伴連忍勝《おおとものむらじおしかつ》という里人《さとびと》がいた。その一族は心を合わせて里に堂を建て、氏寺《うじでら》とした。忍勝は般若経を写したいと願を発して物を集めて剃髪《ていはつ》して、堂に常住していた。春三月、中傷され、檀越《だんおつ》に殺されてしまった。氏寺の檀越であるから、殺したものは忍勝の親族ということになる。一族のものは「人を殺した罪として裁いてもらおう」ということで、火葬にはせず、埋葬する土地を決めて、もがりにすることにした。

　ところが、五日目に彼はよみがえった。親族に語るところでは、死後に堂の物品を勝手に使ったために、地獄で責め苦に遭ったが、写経を発願《ほつがん》したために、戻されたのだ、という（下巻・第二三）。この場合、もがりの期間は五日あまりだった。勝俣はこの説話を紹介して、これが死骸による裁判の例であるとしている。この点について、もう一つの説話を紹介した後に、検討してみよう。

讃岐国美貴郡《みきのごおり》の長官の妻であった田中真人広虫女《ひろむしめ》は、吝嗇《りんしょく》であった。七月二〇日に病死したとき、親族は七日間は火葬せず、九日のあいだ法要を行うこととした。七日目の夜、棺の蓋が開き、彼女はよみがえり、悪臭が広がった。よみがえったものの、腰から上が牛になり、額には角が生えていた（下巻・第二六）。もがり期間は七日間、しかも季節は夏であった。その間に死体の腐敗が進み、悪臭が立ちこめたのである。

†死体による意思表示

説話は歴史的な事実ではないかもしれないが、この時代を生きた人々が、そういうこともあるだろうと納得できた話である。これらの説話から、当時のもがりの様子を整理してみると、多くの場合は三日間、天皇などから特別に認められた場合は、七日間である。これが標準的なもがりの期間だったと思われる。一方、臨終の場で、みずから死後のもがりの期間を指定することも行われていたようで、その場合にはかなり長期間にわたって死体が埋葬されずに留め置かれた。死後に埋葬の場所を決め、塚を築く。もがりはその近くで行われた。

一族の者に殺された信濃国の大伴連忍勝の場合について、勝俣は次のように述べている。

殺された死体について、その加害者が一族以外の者であれば、犯人を仇討ちに掛けて殺してしまうことが中世日本社会では普通のことであった。しかし、犯人が一族のものであり、しかも被害者にも罪がある場合、どのように処断すべきか決めかねる。そうした場合には、死体を埋葬せずにもがりにして置き、死骸が意思表示することを待つ、こうした死体による裁判が行われたのではないか。

そこには、古くから日本人に受け継がれている、死骸への恐れがある。死体はよみがえる可能性を持っていたのだ。仏教説話では、よみがえった者は因果応報を説くのであるが、その身体は最後に紹介した説話のように、腐敗が進み、もとの形をとどめないものであった。特に夏場は悪臭を伴い、決して歓迎されるものではなかった。恐るべき死骸が意思表示した場合、それに逆らうことは常人では不可能である。

鎌倉時代の初期、武家の家産分配にあたって当主が書き残した遺言状では、その遺言に背いたものは、「死骸敵対」の罪科に処するべきだと記されることがあったという。死骸の意思に抗することは、それほどに難しかったのである。

†よみがえった死体の姿

死体からよみがえった者は、どのような姿だったのか。この点をはっきり示しているのは、説経節《せっきょうぶし》「小栗判官《おぐりはんがん》」の物語であろう。テキストとしてまとめられるのは江戸時代だが、ストーリー自体は、中世に遡る。

京の高貴な生まれであった小栗判官は、罪を着せられ、常陸《ひたち》の国に流された。配流の途中、小栗は、武蔵・相模国の横山という名の郡代のもとにいた照手姫《てるてひめ》と結ばれる。これに怒った横山によって、小栗はその殿原《とのばら》（家来）ともども、毒殺されてしまう。

自らが殺したその死体をどのようにすべきか、横山は占いを立てたところ、「十人の殿原たちは、御主《おしゅう》（小栗のこと）にかかり、非法の死にのことなれば、これをば体を、火葬に召され候へや。小栗一人は、名大将のことなれば、これをば体を、土葬に召され候へ」（荒木繁《しげる》・山本吉左右《きちぞう》編注『説経節　山椒太夫・小栗判官他』平凡社、東洋文庫、一九七三）と出た。横山は小栗は土葬、殿原は火葬と、野辺《のべ》の送りを早めたのである。

冥途黄泉《めいどよみ》に落とされた小栗とその殿原一一人は、哀れをとどめていた。閻魔大王はそれを見て、一一人をまとめてよみがえらせようとした。しかし、殿原一〇人の死体は火葬に付され、身体がない。仕方がないということで、土葬にされて身体が残っていた小栗一人をよみがえらせる。

すでに三年の歳月が過ぎていた。そのとき塚が四方へと割れ、卒塔婆《そとば》がはじけ飛び、群がっていたカラスが鳴き騒ぎながら飛び立つ。

よみがえった小栗の姿は、もはや生前の面影はとどめていない。

あらいたはしや、小栗殿、髪は、ははとして、足手は、糸より細うして、腹は、ただ鞠《まり》を、括《くく》たやうなもの、あなたこなたを、這ひ回る。……形《なり》が、餓鬼《がき》に似たぞとて、餓鬼阿弥陀仏《がきあみだぶつ》とおつけある。

よみがえった者は、もとの身体とはほど遠い。小栗判官は餓鬼の姿で、墓から出てきた。歩くことも話すこともできない。ただ胸には、「熊野本宮、湯のみねにお入れありてたまはれや」と、閻魔直筆のメッセージが添えられていた。小栗を拾い上げた上人は、「この者を、一引き引いたは、千僧供養《せんそうくよう》、二引き引いたは、万僧供養《まんぞうくよう》」と書き添えて、小栗を土車《つちぐるま》に乗せて、関東を出発させた。

土車とは、もともと土砂を運ぶための簡便な荷車のこと。そのイメージは、小栗判官の物語を描いた多くの画像で示されるように、人がようやく座れるほどの板に、車を付けただけの荷車である。沿道の人々は、車を引けば功徳を積めると、一曳き二曳きし、小田原を抜け、箱根を越え、富士川を渡り、熱田《あつた》神宮の前を通り過ぎる。美濃の国では何の因果か、照手姫がこの車を引く。餓鬼阿弥が小栗であると知らず、照手姫は五日にわたって琵琶湖のほとりの大津まで車を曳く。これから先は、さらに多くの人の手を借りて、餓鬼阿弥を乗せた車は山科を経て京に入り、山崎を越えて天王寺、堺を経て、ついに熊野の麓にたどり着く。そこから先の山道は、山伏《やまぶし》たちが車を捨てて籠に乗せ、「いざ、この者を、熊野本宮湯の峯に入れて、とらせん」と担ぎ上げる。そして、ついに熊野の湯の峰の温泉に着くのである。

†自力本願から他力本願へ

現存するテキストは一七世紀に成立したものではあるが、私はここに中世から近世へと移り変わっていく日本の信仰の姿を見る。それは、自力本願から他力本願への変化である。

餓鬼阿弥の姿は、かつて「癩《らい》病」と呼ばれていたハンセン病の感染者のものである。ハンセン病は、現在は薬によって完治する病ではある。しかし、以前はその姿から恐れられ、隔離されていた。

そうした餓鬼阿弥を、関東から東海道を経て熊野まで、なぜ連れて行くことができたのだろうか。それは、沿道の人々が、自分や身近な人々に利益があるようにと願う、きわめて利己的な動機から発するエネルギーであった。たった一枚の札に書かれた、「一回この車を引けば、功徳がある」というメッセージが、個々ばらばらのエネルギーを結びつけ、自己の救済のみを図る人々の想いを、一つの目的に向けて収斂させている。

私が観た舞台では、この物語にアレンジが加えられていた。熊野での湯治《とうじ》で完治した小栗が、自分とその家臣を毒殺した横山の一党に復讐する場面で、この論理が再び現れる。首まで地面に埋められた仇の脇に、竹の鋸《のこぎり》が置かれている。その鋸には、「一回この鋸を引けば、功徳がある」と書き添えられていた。人々は、功徳を積むために、首を鋸で一引き、二引きと切っていく。

自分自身が行動で功徳を積み、救済を求める姿をここに見ることができる。これが一二世紀までの日本の信仰の姿であった。『日本霊異記』の説話でも、写経したり善行を積んだりすることで救済される。救済にいたる過程に寺院や僧侶が関わっていない点に注意を向けていただきたい。いわゆる鎌倉仏教が広まる前まで、仏教は国家が興し、国家のためのものという性格が強く、民衆に直接に関わることが少なかった。人々は僧侶には頼らず、自らが功徳を積むことで救済を願ったのである。これは、自力救済ということができる。

一二世紀も終わり近くなって、浄土系の仏教宗派が現れると、僧侶は民衆のなかで活動するようになる。死体を供養し、死体を浄化する務めは、もっぱらこうした僧侶たちが担うようになる。死体は恐ろしい。腐敗した身体を伴いながら、よみがえってくる可能性を秘めている。よみがえった死者は、恨みをいだく仇、遺訓《いくん》を守らない子孫に責め寄るかもしれない。僧侶たちはこうした恐ろしい死体を浄化し成仏させるのである。目に一丁字《いってい じ》もないために写経したくてもできない人々、施しをしたくても一銭も持たないためにできない人々、日々の暮らしに追われて功徳を積みたくてもできない人々、そうした民衆を、ひたすらに阿弥陀仏を信じ、感謝し、念じれば、僧侶を介して救済されるとしたのが、浄土系の仏教であり、他力本願の精神である。

先に触れた「死骸敵対」という文言も、鎌倉時代も後期になると使われなくなる。子が父の遺命に背くことを「死骸敵対」といっていたものが、中世後期には「父子敵対」と呼ばれるようになったのだという。このことで、死骸への恐れによって遺訓を守らせようとしていた状況から、倫理によって人を縛る方向に変わったことが示されている。成仏させられた死体は、もはや現世に関わることはできないのである。

今日本の町中には、墓地が点在し、特に寺院の境内には墓が多く築かれている。もし死体を恐れていたら、こうした生活の場のど真ん中に墓を造ることに躊躇するだろう。こうしたところにも、日本における死体観の変化を、読み取ることができよう。

2 落語「らくだ」——近世

†「らくだ」のあらすじ

第一章で紹介した『江蘇山陽収租全案』(三〇頁参照)の読解に、私が悪戦苦闘していたときに、当時授業を受けていた田中正俊《まさとし》先生が、落語の「らくだ」という噺《はなし》で同じような死体が出てくるのだが知っているかと話し始めた。演習の受講生のほとんどが落語に接したことがないと言うと、「文章をよくするためには、落語をしっかり聴かなくてはだめだ」といった内容のことをおっしゃったのを、今も記憶している。

「らくだ」は上方落語の桂文吾《かつらぶんご》(一八六五～一九一五)が、その晩年に完成させた演目だとされており、大正期の作品ということになろう。時代は近代ではあるものの、この噺には日本の庶民の伝統的な死体観が、色濃く反映されている。

「らくだ」にまだ接したことのない読者は、これから先を読み進める前にYouTubeなどで聴いてみていただきたい。なお、すべて演じると一時間近くなるので、録音の多くがハイライトとなっている。できれば、五〇分以上のヴァージョンで聴いてほしい。以下は落語家の柳家《やなぎや》さん喬《きょう》の「らくだ」より、あらすじを書き出してみる。

＊

ある長屋に、「らくだ」とあだ名される乱暴で嫌われ者の男がいた。そのあだ名の由来は、その昔、舶来《はくらい》のライオンやゾウなどの動物を見世物として巡回していたが、ラクダばかりはよだれを垂らし、みすぼらしいために人気がなかった。そこで江戸の言葉で、「だらしがないやつ」「いやな野郎だ」という意味を持ったのだという。ある日、自称「らくだの兄貴分」という男が、長屋にらくだを訪ねてみると、部屋のなかでフグの毒に当たって絶命し、その死体が転がっている。

男は、らくだの葬儀を出してやりたいが、金がない。ちょうどそのときに、屑《くず》屋がさしかかる。男は屑屋を呼び込み、長屋の月番《つきばん》のところに行き、「今晩、通夜のまねごとをしたい、長屋には長屋の付き合いがあろうから、香典《こうでん》を集めてほしい」と告げるように命じる。月番はらくだが死んだと屑屋から聞いて喜び、最初は香典など集められるかと言うが、らくだの兄貴分という男が「すごいやつですよ」と屑屋に説得され、香典を届けることになった。

らくだの部屋に屑屋が戻ってみると、今度は大家の家に行き、通夜に出す酒と料理を出すよう、告げるようにと男に命じられる。男は「昔から、大家と言えば親同然、店子と言えば子も同然という。今晩、子が集まって通夜をするから、親として形をきっちりつけてもらいたい」と言う。

ところがこの長屋の大家はケチで知られている。「必ず断るだろう」と屑屋が告げると、男は「こう言ってやれ。ご存知のようにらくだは身寄りや頼りはございません。死骸のやり場に困っております。ここへ背負ってきますから、どうか面倒を見てやってください。ついでに「かんかんのう」を踊らせてご覧にいれますから、どうぞお楽しみに」と、屑屋に言い含める。

仕方なく大家の所へ行った屑屋。案の定、大家は依頼を断る。屑屋が男からの口上《こうじょう》を告げると、大家は「死人のかんかんのう、面白い、やれるものならやってみろ」と言葉を返す。

屑屋が戻って男に告げると「見たいって、そう言ったのか」と言うや、屑屋を後ろ向きにして、らくだの死体を担がせる。屑屋は「あっあ、何するんですよ、気持ち悪い、食いつきやしませんか」と怯える(この場面は、落語中段の見せ場となっている)。男は屑屋に死体を背負わせ、大家の所に赴く。大家の門前で、男は「らくだ、そこへ立てかけろ。大丈夫だ、つっぱらかっているから」と言い、さらに屑屋に「かんかんのう、きゅうれんすー」と歌わせ、死体を動かし踊らせる。

大家は縮み上がってしまい、酒と料理を出すことを約束した。さらに男は、屑屋に八百屋の所へ行って「棺桶代わりに使うから、漬物樽を借りてこい」と命じる。今し方、本当に「かんかんのう」を踊ったと聞いた八百屋も、樽を貸すことになる。

屑屋がらくだの部屋に戻ると、大家の所から酒と料理が届いている。男に勧められ、はじめはしぶしぶ酒を飲み始めた屑屋、三杯を干したところで様子が変わる。実は、屑屋は酒乱であったのだ。酔いが回るにつれて、高圧的な態度に変わる屑屋。屑屋の本性が、しだいに現れるところが一つの見せ場となる。立場は逆転し、屑屋が男に命じるようになる。それとともに、「死にゃ、仏」と、死体への恐怖感はすっかり消える。

らくだの葬礼を出すということとなり、屑屋は「らくだ、出家させてやらなきゃな」と、借りてきた剃刀《かみそり》で、らくだの頭髪を剃り始める。酒の回った手つきで剃るものだから、血が出るわ、残った髪をむしるわ、壮絶な場面となる。

らくだの寺の場所がわからない屑屋と男は、屑屋の知り合いの火葬場に、「弔《とむ》れいだ、弔れいだ」とかけ声を掛けながら、市内を練り歩く。ところが道中で樽の底が抜けてしまい死体が転がり出たが、それに気づかず焼き場に向かう。着いてみると死体がない。死体を探しに戻った屑屋と男は、たまたま橋のたもとで居眠りしている願人坊主《がんにん》（剃髪はしているが本当の僧侶ではなく、あちらこちらで念仏を唱えて金をもらう乞食坊主）を見つけ、死体だと勘違いする。樽に押し込み焼き場に運び、火に放り込む。熱さで願人坊主が目を覚まし「ここはどこだ」と言うと、火葬場の男は「焼き場だ、日本一の火屋（ひや）だ」と返す。屑屋が「冷酒（ひや）でもいいから、もう一杯」と下げて終わる。

†落語に見る日本の死生観

長々とあらすじを紹介した理由は、この噺のあちらこちらに伝統的な日本の死体観が現れていることを、確認したいがためである。

死体を用いて恐喝まがいのことを行うのは、中国の図頼と同じである。しかし、恐喝する側は、必ずしも死者の親族ではない。兄弟分の男が恐喝の主役ではあるが、大家には「らくだは身寄りや頼りはございません」と明言し、らくだと男は親族関係ではないことを告げている。ここで男が死体を持ち出してまで香典を集めさせたり、通夜に欠かせない酒や料理を整えたりするのは、死んだ者には通夜を出すのが当然だ、という日本の倫理観であろう。

らくだの死を知らされた長屋の月番も大家も、厄介者が死んだと喜ぶ。しかし、実際に死体を目の前にした大家は恐れおののく。らくだという人格を持った存在の死とともに現れる「死者」と、所有する人格をもたない物質としての「死体」とのあいだの格差を、ここに聴くことができる。

男は死体に恐怖しない。その理由は、男が裏社会に属し、おそらくヤクザの出入りの場に居合わせたこともあり、死体に慣れているところにあると思われる。精神医学の立場から「らくだ」を論じた藤山直樹が指摘するように、「彼は通常の世間の人間たち――月番・大家・漬け物屋――のように死体におびえることはない。だが同時に、「渡世《とせい》の義理で」らくだのために弔いを出さないと行けないという、ある意味小市民的な倫理観をそなえている」(「死と死体のあいだ――『らくだ』」『みすず』二〇〇八年一一月号)。

大家とその女房、八百屋の主人は、みな死体に恐怖感を持っている。屑屋もはじめのうちは、らくだの死体を気味悪がり、男に死体を担がされるとうろたえる。しかし、酒が入り酒乱の本性を現した屑屋は、剃髪の場面で明瞭に描かれているように、世間を超絶している。藤山の言葉を借りるならば、屑屋のように渡世人《とせいにん》をも凌駕するには「「世間」を踏み越えて、あっち側に行かなければならない。そのあっち側は「もう一つの世間」ではない。世間という概念が存在しないような場面である。そうなると、こっち側に帰ってこられるかどうかもわからない。屑屋はその境界を踏み越えている」。この「あっち側」とは、狂気だと藤山は見立てている。

しかし、別の解釈もできるのではないか。それは酒乱となった屑屋が何回かつぶやく「死にゃ、仏」という言葉に依拠する。らくだの死体は、屑屋の手によって剃髪され、「仏」に移行するのである。剃髪の場面は、最後に願人坊主を死体と間違えるという件《くだ》りの伏線ではあるのだが、剃髪する屑屋は、死体を浄化する聖職者として立ち現れているのである。浄化され「仏」となった死体は焼かれることで、死体に最後までまとわりついていた死者のイメージは消え、らくだは「成仏《じょうぶつ》」し、残された骨はもはや恐ろしいものではない。

†死体に触れるのは誰か

同じように、死体を前にお経をあげて、焼き場に持っていけば、恐ろしくも何ともない、という感覚は、落語「黄金餅《こがねもち》」という演目でも、聴くことができる。

ごくかいつまんで、本書と関連する点を紹介しておこう（古今亭志《ここんていし》ん生《しょう》「黄金餅」）。

＊

下谷山崎町の裏長屋に住む吝嗇な坊主が、頭陀《ずだ》袋をさげて市中を回り念仏を唱えて金をもらい、ため込んでいる。ある日、体調を崩して寝込むが、薬も飲まない。長屋の隣に住む味噌売りは、坊主があんころ餅が食べたいというので、差し入れる。味噌売りが坊主の様子を節穴からのぞいていると、坊主はあんころ餅の餡を取り出して、餅のなかに金を詰め込み、飲み下す。餅が喉につかえて、坊主は死ぬ。

大家に知らせに行くと、大家は長屋の面々を集め弔う段取りを話す。坊主の寺はどこだと大家に尋ねられた味噌屋は、自分の寺の麻布絶口釜無村木蓮寺《ぜっこうかまなしむらもくれんじ》だということで、味噌屋は長屋の今月と来月の月番とともに、死体の入った樽を担ぎ、麻布の木蓮寺に向かう（この道行きの描写が、古今亭志ん生の名調子）。

夜中に木蓮寺に着き、茶碗酒を飲んでいる坊主を叩き出して、「弔い、持ってきたんだよ」と、天保銭《てんぽうせん》六枚で説法を依頼し、「犬の睾丸《こうがん》、チーン」などといいかげんな経を坊主にあげてもらう。焼き場の切手（許可証）をもらい、味噌屋ひとりで死体を担ぎ、桐ヶ谷の焼き場へ持っていく。

仏の遺言だから腹の所だけは生焼けにしといてくれと頼み、夜明けまでちびちびと酒を飲み時間をつぶした味噌屋は焼き場に戻り、人払いした後に焼いた坊主の生焼きの死体を裂き金を拾う。焼き場の男が「骨が残っているよ」と言うと、味噌屋は「犬にやっちゃえ」と焼き場を後にして立ち去ってしまう。この金を元手に、味噌売りは目黒に餅屋を出してたいそう繁盛したという、江戸の名物「黄金餅」の由来という一席。

＊

ここでも親族ではない長屋の面々が死体を寺に運び、僧侶に説法、経をあげてもらうことで死体を浄化し、浄化された死体を焼き場で火葬にすることが認められるというステップを確認することができる。

翻って「らくだ」では、寺を経由するのではなく焼き場に直行している。これは、屑屋が死体の頭部を剃髪するという段階を司り、司祭者として死体を浄化したのだとすることで、はじめて了解されるのである。

江戸という大都会ではなく、近世の村落では死体はどのように扱われたのか。私の勤務先の大学の同僚で日本近世史を専門とする後藤雅知《まさとし》に尋ね、次のように教えていただいた。

近世において、死体を往来から取り片付けるという程度なら、村人が行っていた。火葬場に運ぶなどの場合は、地域によっては「隠亡《おんぼう》」、あるいは「三昧聖《さんまいひじり》」などと呼ばれる独自の機能をもつ人びとが担うが、地域によってもいろいろと違いがあった。

死体が誰のものかというレベルでは、家族のものであることは確実だが、他人が触れられないということはない。死体が誰なのかわからない場合は、その死体が倒れていた、存在した村や町が責任を持って処理するというのが原則となり、ちゃんと寺院に埋葬される。死体や捨て子などの処理は村や町に課された負担と言ってもいい。

近世の死体には、差別との関連など、様々に検討すべき事項はあるものの、その点については本書では掘り下げない。

3　法と死体——近現代

†母の死

参加している高校用歴史教科書の編集会議がちょうど佳境に入ったとき、スラックスのなかの携帯電話が、激しく振動した。席をはずし、廊下で通話すると、妹の落ち着いた声が耳に入った。「母が自宅で倒れ、いま東大病院の地下の霊安室にいる」

私は編集会議の部屋に戻り、事情を伝えて、そのまま東大の本郷キャンパスに向かった。母の死体は病院地下の廊下の突き当たりの部屋に安置され、誰が供えたか花が生《い》けられ、簡易ベッドの上に横たえられていた。

実家で母とともに暮らしていた妹の話によると、妹が屋上で洗濯物を干しているときに、家のなかから大きなものが倒れる音が響いたので降りていくと、母が廊下で倒れ伏し、すでに事切れていたという。

私の手帳には、その年の四月に死去した父が生前に、何かあったらかけるようにと指示していた葬儀社の電話番号が記されている。そこに連絡しようとしたところ、病院の関係者から待てと言われた。ほどなくして検視官が霊安所に到着し、その場に居合わせた親族に部屋から退出するようにと指示した。そして検視官は、霊安室に籠もった。

少しして霊安室から出てきた検視官は、「病院以外の場所で亡くなった場合、本来は解剖で死因を調べることもあるのですが、亡くなられた経緯に疑問はありませんので、解剖には回しません」と言った。

動転していたため、正確にこのように発言したかは定かではないが、二人一組で来ていた検視官は、このような内容のことを述べると立ち去った。検視官の判断を得ることで、そこに横たえられていた「死体」は「遺体」へと移行し、妹と私は母を「遺体」として、その後の段取りについて相談するために葬儀社に連絡することができるようになったのである。

†死体は誰の「もの」なのか

そのとき、私の脳裏に一つの疑問が生じた。

母が倒れ、検視官が母の死体を、死者の親族である妹と私に引き渡すまでの六時間ほどのあいだ、母の死体は、いったい誰の「もの」であったのであろうか。

すでに死によって人格を喪失していたとはいえ、死体はやはり母自身のものなのか。

死者のものでないとしたら、妹や私のような親族のものなのか。生きているあいだは、この身体は自己のものかもしれないが、息を引き取った後そこに残された死体は、いったい誰のものなのか。

いや、死体は誰のものでもないのかもしれない。

いやいや、そもそも死体は「もの」なのだろうか。

この疑問が、本書を書かせる契機となった。

そして、その疑問を解くために、日本における死体について、その法的な議論をたどることにした。その結果、明治に近代的な法が整えられた後、様々な議論が交わされているということがわかった。なお本節では、法律を参照して死体を論じるときには、「もの」とひらがな表記ではなく、「物」と漢字で表記することにする。

†「死体」が「遺体」「遺骨」になるプロセス

母の「死体」が遺族に引き渡されて「遺体」となり、火葬に付され「遺骨」になるまでのプロセスを、順番にたどっていこう。

私の父のように病院のベッドで死去した場合には、医師が死亡診断書を作成することで、死者の親族が近くで看取っていた場合はそのまま、その死体は遺体となる。しかし、路上や、私の母のように自宅で亡くなった場合には、医師が死体に対し死亡を確認、その死因や死亡時刻などを明らかにして、自然な死なのか異状な死なのかを判断する。これを「検《けん》案《あん》」という。検案したら、担当した医師は検案書を交付することになる。この検案書が整っていないと、遺族は死亡届を出すことができないのである。

異状があった場合、事件性が疑われ、警察に連絡することになる。母の場合、長患いをしていたとはいえ、診療を経ず急死したので異状死の可能性がある、と医師が判断したのではないだろうか。所管の警察署に連絡され、検視官が死体を調べて、犯罪に関わるか否かを判断する。

検視は検察官が行うことになっているが、法医学を修めた司法警察員によって代行されることが多い。代行検視に際しては、医師の立会いを求めて行うことになっている。検視の際に立会医師が行う検案は、単に死亡の確認だけではなく、死亡の原因や死後経過時間なども調べる。私は病院に駆けつけ、ちょうどその場に居合わせることになった。

検視の結果、何らかの犯罪と関係があるとされると、すぐに刑訴上の検証、鑑定の手続きがとられる。そうした死体は、「変死体」と呼ばれる。死因が特定されない場合には、死体を解剖するができる。母の死因は特定され、検案書におそらく明記されたのだろう。解剖されることはなく、死体は遺体へと変わった。

死体解剖は、戦後間もない一九四九年に制定された死体解剖保存法に基づいて行われる。日本が敗戦したのちに進駐した占領軍が、公衆衛生を向上させるために死因を調査する必要を痛切に感じたために、この法律が制定されたとされている（唄《ばい》孝一「「死亡」と「死体」についての覚書（二）」『ジュリスト』四八五号、一九七一年八月）。

この第七条には、「死体の解剖をしようとする者は、その遺族の承諾を受けなければならない」とある。遺族が不明であったり、遠方にいたりで、承諾を得られない場合などの特例が設けられているが、原則として、死体に対する遺族の意志を尊重することが、ここでは明記されている。とはいうものの、これをもって死体は遺族の物だ、とすることはできない。

†そもそも死体は「物」なのか

そもそも死体は「物」なのだろうか。どのような議論が交わされてきたのか、臓器移植との関連で死体を取り上げている論考を道案内としてたどっていく（石川稔《みのる》「臓器提供の遺言」『判例タイムズ』六八八号、一九八九）。本書では、歴史的に時代を追って、論じることにしたい。

死体をめぐる法的な議論は、三つの段階に区切ることができるだろう。

第一期は、明治から昭和二〇年までの時期。ドイツなど西欧の法律を参照し、日本の伝統的な慣習にも配慮しつつ、死体が「物」なのか否かが議論されている。一八九八年に定められた民法の第四編「親族」・第五編「相続」における死体の位置づけということになり、家制度や家督《かとく》などと関連づけて論じられることが多い。

第二期は、一九四七年、日本国憲法の基本的な考え方に合うように、家制度の廃止を主眼として、民法の親族・相続に関する部分が抜本的に改正された。この改正以降は、基本的人権という観念に基づいて死体に関する議論が積み重ねられている。

第三期は、一九七九年一二月二八日に「昭和五四年法律第六三号」として「角膜及び腎臓の移植に関する法律」が公布、翌八〇年三月一八日から施行されたことを画期として、現在まで続く時期である。それ以前の第二期までは、誰が死体を埋葬するのか、という判決が参照されるにとどまっていた。しかし、医療の発展の結果、死体からの移植が可能になると、死体そのものが価値を帯びることになる。あらためて死体を法体系のなかに、位置づけ直す必要が生じたのである。

†屍體ハ物ナリヤ否ヤ

第一期の時代、大審院の判決を見ると、いずれも死体を物とみなし、家督相続人がそれを相続するとしている。家督相続人の権利を重視するのは、大日本帝国憲法において、家督に基づいて社会を秩序だてようと国家が指向していたことと無関係ではあるまい。それは天皇制とも関連しているからである。

旧民法は、祖先から子孫まで連続する「家」を、社会の基本的な組織としていた。旧民法九八七条では、「系譜・祭具および墳墓の所有権は家督相続の特権に属す」とされている。家を維持するために、一家を統率する権力を戸主に与えて、その身分を継承させるために、家督相続を安定させることが優先された。

しかし、大審院のこうした姿勢に、疑問を持った民法学者も少なくなかった。

初版が一九一一（明治四四）年に出版された中島玉吉《たまきち》『民法釈義』は、昭和初期まで増補・改訂を重ねた著作である。その巻之一「総則」に収められた「物」の項目で、「屍體《したい》ハ物ナリヤ否ヤ」として、正面から死体の法的な位置づけについて論じている。その冒頭の一節を、現代日本語の表記に変換して引用しておこう。

中島はまず「この点に関し、およそ三説あり」として、ドイツの学説を併記する。

（一）死体は物なりといえども、所有権の目的たらず。無主体なりと。

（二）死体は物にあらずと。

（三）死体は物にして、相続人の所有に属すと。

このようにドイツの学説を三つに分類して紹介した後、以下のように持論を展開している。

私なりに補いながら、中島の議論をなぞっておこう。

生前の身体は、その本人が管理しているが、その主体が死亡すると、残された死体は物なのにもかかわらず、主体が存在しなくなるという第一の説に対して、中島は無主の動産は最初に占有した人のものとなるという規定と整合性が保てなくなると指摘する。しかも死体が物だとすると、物は所有の対象物となると法律の上で定義されているので、死体に限って所有権の対象にならないというのは、法体系全体のなかで、「物」の定義を根本から覆すことにつながる。つまり、死体は「物であって、物ではない」ということになってしまう。

死体は相続人の所有物となるという第三説に立脚すると、被相続人が生きているあいだ、その身体はその人本人の物であり、死亡後に相続されるという考え方になる。ただし死体を相続した人に対しては、死体から金歯を抜き取って売ったり、ゴミとして投棄したりするなどといった行為を、公序良俗に反するために禁止しなければならなくなる。日本の法律の思想では、所有権とは使用し収益をあげたり、処分したりできる権利だと定義されているので、いちじるしく制約を加えた権利は、もはや所有権とするわけにはいかない。また相続の対象物だとすると、相続を放棄することが認められているので、やっかいな死体を誰も引き取らないといった事態にもなりかねない。

†死体は「物」ではない

中島はこうした議論を展開した後に、死体を物とすることには無理があるとして、第二の説を正当だとする。慣習に基づいて定められた死体埋葬の権利・義務が存在する。この権利・義務は死者に対するものではなく、死体そのものに関して、すべての人に対して主張できる権利（対世権《たいせいけん》）がある。この対世権に依拠して、具体的に誰が死体を埋葬する権利を持ち、義務を負うのかというと、その当時の日本の慣習を参照して、直系の卑属（子や孫）、もし直系卑属がいない場合には戸主だと結論づける。

京都大学で中島から学んだ谷口知平《ともへい》の回想によれば、中島は日本で「内縁」といった関係が成立する原因を探求するなど、法社会学の先駆け的な仕事をしていたという（谷口知平「法社会学創設の頃」『法社会学』四一号、一九八九）。死体を慣習のなかで位置づけようとするその姿勢も、こうした中島の関心の所在とも関係があるだろう。

この中島の議論で、漢族の死体に対する慣習も説明できるかもしれない。漢族の場合には、この埋葬する権利や義務は、その親族が排他的に持っている。日本と異なる点は、その埋葬権は公権力も介入できない強固な権利となっているところだろう。

死体を物として所有権が発生すると、死体を用いて利益を得ようとする事案が生じかねないという中島の危惧は、あながち的外れではない。先に紹介した落語「黄金餅」では、まさに収益目的で死体をないがしろにしている。死体に対して所有権を認めず、埋葬権だけを想定するという考え方に立てば、味噌売りのような行為は違法として取り締まることが可能となる。

†死体は「物」である

中島の見解に対して、鳩山秀夫は異論を唱え、死体は物であり、相続人の所有権の客体だとしている。死体は財産ではないから所有権の対象となる物ではないと中島はいうが、所有権は必ずしも経済的な価値を持つわけではない。死体を用いて利益をあげたり、死体を勝手に処分したりできないから死体は物ではないという説は、説得力を持たない。公益や公序良俗によって制約を受けるが、死体に対する所有権を認めないわけにはいかない。相続人が死体を処分する権利を認める慣習が存在し、それを前提として法律のうえで所有権が成立するのだという(鳩山秀夫『日本民法総論』岩波書店、一九二七)。

鳩山は当時、東京帝国大学きっての秀才とされ、卒業後は民法の第一人者と目《もく》された。ドイツ民法典を究めて、その基本的な考え方から出発し、日本の法体系を論理的に再構築しようとした。なお、その弟は首相となる鳩山一郎である。

鳩山は先に紹介した中島が列挙したドイツ民法学者が唱えた学説のなかから、三つ目の「死体は物にして、相続人の所有に属す」という考え方を選択し、それに依拠して、演繹的に日本の当時の状況に合うように、持論を展開しているということになる。

†死体と家制度

別の角度から死体を論じているのが、近藤英吉である(近藤英吉『相続法論(上)』弘文堂書房、一九三六)。相続法の文脈で近藤は、死体は物だと主張する。その後に、独自な見解を述べている。死者の人格権は死後も存続しているのだという。そのために、死体はそれ以外の相続財産とは区別される。死者が生前に遺言などで指名した喪主が、死体を埋葬する権利と義務とを負う。死体の処置に対する死者の意思表示も、公序良俗に反しない限りは、有効だとする。具体的には、医学発展のために死後に献体したいと生前に述べていたら、死後もその意思は尊重されなければならない、ということである。

この議論の背景にあるのは、旧民法のもとで争われた裁判である。旧民法では家督の継承をどうするかという問題が、大きなテーマとなっていた。

家督という考え方は、日本文化に独自のもので、漢族や欧米人にはなかなか理解してもらえない。おそらく現代の日本の若者も、よくわからないだろう。私が中国から来た留学生に説明するときには、シンプルに「家督とは様々な社会関係の束」だと述べるようにしている。

伝統的な日本社会では、イエ（家）は家族の集合という以上に、一個の経営組織であった。その組織を維持するために、対外的に様々な関係を維持しなければならない。農家であれば、土地の耕作を認めてもらうことであり、村のなかでの役割分担であった。職人であれば、仕入れ先や顧客との関係である。商家では、そうした関係は「のれん」という言葉で、象徴された。

こうした経営を存続させるために、しばしば、血のつながりよりも、個人の能力が重視された。有能な人物に家督を相続させるために、娘のムコ（婿）として迎え入れたり、養子を取ったりして、実子以外の人に家督を譲ることも、珍しくはなかった。

近藤が死者の人格権という考え方を提示した理由はそこにある。大日本帝国憲法下の最高裁判所に相当する大審院の判決では、「遺体・遺骨の所有権は、その家督相続人の絶対的な特権である」とされ、その権利と矛盾する死者の遺言は無効だとされていた。近藤はこうした判決に、疑問を感じていた。

実の子どもが家の経営に不向きだということで、家督相続人から排除されたとしても、子が親を思う気持ちには変わりはない。親が子を愛おしく思うこともあっただろう。こうした場合、家督相続人だけが死者を埋葬する権利を持つとするのはおかしい。親が喪主に血のつながりのある子を指名していたら、その喪主に死体を処置する権利を認めるべきだろう。実の子どもが喪主となり、死去した親を埋葬する権利を認めてもいいのではないか。こうした継承を可能とするためには、死後も死者の人格権を認め、その意志を尊重する必要がある。

近藤の考え方には、法に血を通わせようとする温かさがある。ちなみに、近藤は本業の民法学者としての顔以外に、生家が長崎の生島《いくしま》であった関係で、潜伏キリシタンに興味を持ち、資料を収集していたのだという（大隅健一郎「噫近藤教授」『法学論叢』第四三巻・第四号、一九四〇）。これは私の想像だが、近藤はクリスチャンの死体に対する考え方を知ったうえで、死者の人格が存続しているという学説を提示したのかも知れない。

死者の人格権といった複雑なロジックではなく、単純に慣習法に基づいて死体は喪主に帰属するとしたのが、我妻栄《わがつまさかえ》である（我妻栄『新訂民法総則』岩波書店、一九六五）。喪主となったものは、死体をどのように埋葬するのかなど、関係者全員の意思と、慣行と公序良俗に基づいて決める必要があるとする。

こうした考え方に基づいて、一九二七年の大審院の次の判決に対して、我妻は「その結論は、すこぶる疑問である」と述べている。

入り婿が実家に帰って自殺した。実家は喪主としてその死体を処理し、実家の墓地に埋葬したのに対して、死者の家督を相続した養家の戸主が遺体の引き渡しを求めた。実家側は養家の戸主も実家で行われた葬儀に参加し、埋葬についても実家と養家とが協議した結果、実家の墓地での埋葬を認めているのだから、死体に対する所有権を放棄したのだと主張した。

しかし、大審院は実家側の主張を退ける。死体は家督相続人が相続し、その所有権は祭祀・供養を行う義務を内容としており、祖先供養をないがしろにするような良俗に反する所有権の放棄などは認められない。したがって、養家の家督相続人が所有権を放棄したとする実家の主張は認められないとし、養家側の勝訴としたのである。

この大審院判決に対する我妻の考えは、次のようなものであろう。養家も実家側が喪主として死体を埋葬することを認めた以上は、喪主がその後の供養までの責任を負うべきだし、その権利もあると。

†家督相続制度の廃止と死体

第二期の時代に、アジア太平洋戦争を経て、基本的人権を尊重する日本国憲法が制定されると、家督相続制度の廃止が、民法改正の課題となる。この改正で中心的な役割を果たしたのが我妻であり、改正された民法が一九四七年に成立したのちは、我妻が出した説が、通説として一般的に認められるようになる。

死体は物ではないという前提から、喪主が死体に対する権利を持つとしたのが、柚木《ゆのき》馨《かおる》である（柚木馨『判例民法総論　上巻』有斐閣、一九五一）。彼は生きている人の身体は物ではない、というところから議論を始める。明記はされていないが、その論拠は基本的人権にあると見てもよいだろう。人の身体を物だとすると、人権を剝奪された奴隷を認めることにつながりかねない。

死者が生前に所有していた物は相続されるが、しかし、生前には物ではなかった身体から変じた死体は、相続人に帰属する物とはならない。死体は財産の相続と切り離して、親族法に基づいて喪主が埋葬する権利と義務とを負うのである。

死体は物であり、その所有権は慣習に従って喪主に帰属するとするのが、幾代通《いくよとおる》である（幾代通『民法総則』青林書院新社、一九六九）。ただし註で、死体の所有権は相続人に帰属する通説があるが、この説は家督相続があった時代に確立したものだから注意を要すると記されている。旧民法では家督相続人はだいたい喪主と一致するが、改正された民法の相続法では、相続人が配偶者や数人の甥・姪であるような場合があるから、しばしば相続人と喪主とが異なることになるからである。

喪主ではなく、祖先祭祀の主宰者が死体を継承すべきだ、という学説も唱えられている。その根拠は、民法の第八九七条「祭祀に関する権利の承継」であり、そこでは次のように述べられている。

系譜、祭具及び墳墓の所有権は、前条の規定（引用者注：一般的な相続に関する規定）にかかわらず、慣習に従って祖先の祭祀を主宰すべき者が承継する。ただし、被相続人の指定に従って祖先の祭祀を主宰すべき者があるときは、その者が承継する。

この規定に基づいて、喪主は葬儀と埋葬に責任を負うが、祭祀まで主宰するとは限らない。死体は祭祀財産に準じて、祭祀主宰者が取得すべきだとする。この主宰者は、必ずしも死者と親族に限らない。一九四九年の大阪高裁の判決では、相続人の弟や妹を排して、二〇年間連れ添った内縁の妻を、祭祀主宰者に指定している（石川利夫「祭祀財産の継承と

相続」『現在家族法体系　四』有斐閣、一九八〇）。

死体が物であるか、物でないかという議論そのものに意味がないという意見もある。死体に対する権利は、仮に物だとしても通常の所有権とは異なり、公序良俗の観点から、埋葬・祭祀・供養以外の処分はできないのであるから、どちらの立場でも実際には大きな違いは生じないとする（於保不二雄《おほふじお》『民法総則講義』有信堂、一九五一）。

†移植と死体をめぐる新たな議論

ところが、そうも言っていられない事態が、一九八〇年代に出来《しゅったい》するのである。第三期の時代。医療の進歩の結果、死体から臓器を取り出して移植することが可能となると、それまでは埋葬・祭祀の対象でしかなかった死体が、まったく異なる意味を持つ可能性が出てくる。死体から移植するために臓器を摘出することは、埋葬などの行為とはまったく関係がない。したがって、埋葬などを行うために死体を管理しているものが、臓器摘出に同意する権限を持っているとはいえない。

一九七九年に「角膜及び腎臓の移植に関する法律」（以下「角膜腎臓移植法」）が公布され、翌一九八〇年三月に施行されると、死体の帰属をめぐる議論が巻き起こる。

医療技術的には角膜も腎臓も生体から摘出して、移植することは可能である。しかし、角膜を摘出すれば提供者は失明するし、二つある腎臓の一つを生体から取り出して移植することは行われてはいたが、多くの腎臓機能障害者の求めに応ずるには、その件数は少なすぎる。そのため、死体からの臓器移植を可能とすることが、社会的に求められるようになった。この要求に対応するために、この法律が作られたのだ。

「角膜腎臓移植法」には前史がある。まず、日本で最初の角膜移植は、一九四九年に、当時岩手医科大学の教授であった今泉亀撤《きてつ》によって行われた。そして、一九五七年に行われた角膜移植手術で、盛岡市内の保養院で病死した四二歳の女性の目を、七六歳の内縁の夫が献納した。眼球を死体から取り出したことが「死体損壊罪」(刑法一九〇条)にあたるとして警察に検挙され、今泉は事情聴取を受けることとなった。

当時の新聞記事を見ると、手術が成功した後の談話のなかで、今泉教授は「まだ角膜移植法案が議会を通っていないのでどうかと思ったが、今までの例で問題は起こっていないのでやってみた」と語っている(『毎日新聞』一九五七年一一月二日)。つまりその時点で違法だと承知の上で、死体から角膜を摘出したと明言しているわけで、法律を守る立場の警察や検察からすれば、見過ごすことができなかったものと思われる。

この案件は、仙台高等検察庁を通じて盛岡地方検察庁に詳細な報告書が出され、最終的には最高検察庁が「法的には問題があるとしても、社会性に富んだ正当な医療行為で、且《か》つ、医師として全く崇高な行為であるから、道徳的、人道的にみて犯罪の成立は認められない」との正式見解を発表し、法の整備を進めるように求めたのである（『日本経済新聞』一九五七年一二月四日）。この事件をきっかけに「角膜移植に関する法律」が翌一九五八年に成立し、死体から移植のために適正に眼球を取り出すことは、違法ではないとされた。

角膜に限定して移植を認めたこの法律では、眼球を死体から摘出するための要件として、遺族がある場合には摘出の前に、死者の遺族から承諾を得ていなければならないと定めているが、死者が生前に示した意思については、何も述べられていない。また、遺族が具体的に誰を指すのかも、定められていない。盛岡事件の場合では、内縁の夫が遺族であるか否かが一つのポイントであったのだが、この点は法の成立を待っても、依然として不明瞭だったことになる。

†死者よりも遺族の意思を優先する法律

時代が下って一九七九年公布された「角膜腎臓移植法」の場合には、誰が臓器摘出を認めているのだろうか。その第三条の三で次のように示されている。

医師は、第一項又は前項の規定による死体からの眼球又は腎臓の摘出をしようとするときは、あらかじめ、その遺族の書面による承諾を受けなければならない。ただし、死亡した者が生存中にその眼球又は腎臓の摘出について書面による承諾をしており、かつ、医師がその旨を遺族に告知し、遺族がその摘出を拒まないとき、又は遺族がないときは、この限りでない。

ここではじめて死者が生前に示した意思について言及されている。ただ、ここで注目すべき点は、本人の意思よりも、遺族の意思が優先されていることである。また、遺族の範囲が明示されていないことも、重要である。

臓器移植を所管する厚生省（当時）の見解は、厚生省医務局総務課の小田泰宏《やすひろ》が、「意見にわたる部分は全くの私見である」とはしつつも、「腎不全の根治治療、死体腎移植の普及と促進」（『時の法令』一〇七〇号、一九八〇）で示している。これによると、この法律は遺族に遺体処分権があると認め、その意思を死者本人の意思よりも優先する建前をとっているとする。この議論は、死体が物であるか、所有権の対象となるか、という議論を棚上げしておき、死体の処分権という観点から、遺族の死体に対する権利を認めようとするものであろう。

遺族の範囲については、民法第七二五条に示された「親族」だとしている。民法の親族は、六親等内の血族、配偶者および三親等内の姻族と規定されている。縁遠いようだが親族に入る親戚を挙げると、血のつながりのある親戚では「またいとこ（はとこ）」まで、配偶者の親戚では「めい・おい」までである。ネットで親族の図を検索していただければ明らかになるが、その範囲はかなり広い。そこで通常は喪主が親族のあいだで連絡を取り合い、協議を行っているはずだから、実質的に喪主が承諾しさえすれば、遺族を代表して承諾したことになる、としている。

しかし、問題が起きるのは、死者の縁者のあいだで意見が一致しない場合であろう。例えば、死者と生活を共にしていた内縁関係にあるパートナーが、埋葬・供養にいたるまで死体の管理を行う場合もあるだろう。実質的に喪主の立場にあるものが臓器摘出を承諾しても、死者の親族が異議を申し立てることは、十分に考えられる。

日本の臓器移植法と欧米の臓器移植関係の律法とを比較した共同研究の成果が、『比較法研究』（第四六号、一九八四）に掲載されている。死者本人が生前に示した意思と、遺族の意思との関係について、アメリカ・イギリス・フランス・西ドイツ・東ドイツ・ヨーロッパ評議会と日本とを比較して、表にまとめている。死者本人の生前の意思と遺族の意思について、死体からの臓器摘出を承諾した場合と拒否した場合、意思を示さなかった場合の三つのケースに分けて、どちらが優先されるかを示している。

その一枚の表からは、日本では本人が承諾しても、遺族が拒否すれば摘出は認められず、本人が拒否しても遺族が承諾すれば摘出は認められることを、読み取ることができる。本人の意思は、遺族が意思を表明しない場合に限って有効となる。

他方、欧米では全般的に、本人が承諾すれば、遺族が拒否しても摘出が可能であり、本人が拒否すれば、遺族が承諾しても摘出は行われない。日本における親族の死体に対する権利の強さは、特筆される。

†死体解剖と死者の意思

臓器移植はその後、医学の発展により医療行為として腎臓以外の臓器の移植も可能となったことを受けて「臓器移植に関する法律」が一九九七年に施行され、脳死とされた死体からの臓器提供に関する制約を緩和する改正が二〇〇九年になされた。この法律については、本書の「おわりに」で、あらためて検討することにする。

死者の生前に示された意思と死後の遺族の意思との関係は、献体をめぐっても検討しておく必要があるだろう。

献体を論じる前提として、まず死体解剖について、整理しておこう。一九五九年に「死体解剖保存法」（以下、「保存法」）が制定され、そこでは、犯罪捜査のために行う解剖（司法解剖)、公衆衛生の観点から死因を突き止めるために行う解剖(行政解剖)、医療機関が病気の機序《きじょ》を明らかにするために行う解剖(病理解剖)などがある。こうした特別な死体に対する解剖とならんで、「身体の正常な構造を明らかにするための解剖」(同法、第一〇条)が挙げられている。これは医学・歯学教育の一環として行われる解剖で、正常解剖あるいは系統解剖と呼ばれる。なお、私の母の死体が解剖されたとしたら、これは司法解剖ということになろう。

教育を目的とする正常解剖においては、遺族の承諾が必要となる(同法、第七条)が、死者の生前の意思については、まったく規定を設けていない。この不備を補うために、一九八三年に「医学及び歯学の教育のための献体に関する法律」(以下、「献体法」)が制定された。この法律で初めて、死者が生前に示す献体の意思について、要件と手続きが定められた。

しかし、そこでは、第三条で「献体の意思は、尊重されなければならない」と謳っているものの、第四条で、死者が生前に献体の意思を書面で表示しており、しかも、遺族がその解剖を拒まない場合か、死亡した者に遺族がない場合に限って、遺族の承諾なしに解剖ができるとされている。つまり遺族が明確に書面で死体解剖を拒否した場合には、死者の意思は実現しない。

†死体解剖をめぐる裁判

正常解剖をめぐる具体的な事案を、一つ紹介しておこう。

二〇〇〇年一一月、東京地方裁判所で献体された死体の所有権をめぐる民事裁判に関して判決が出され、確定した。事の経緯は、おおよそ次のようなものである（以下は『判例タイムズ』一〇六三号、二〇〇一。人名はこの文献で用いられている仮名を用いる）。

原告の甲野太郎の母、甲野花子は昭和六三年に被告となっているY病院で息を引き取った。花子の死後、その夫の甲野春男と息子の太郎とは、主治医の丙山医師から「保存法」に基づいて、花子の遺体を解剖し、内臓と脳とを医学研究のために保存することを承諾してほしいと頼まれた。これは花子が生前に献体の意思を示していないために、「献体法」ではなく「保存法」に基づいて、承諾を求めたのである。

そのときに主治医が花子の背骨の一部も標本にして保存したいと告げたが、遺族は「指一本ならびに背骨」の採取を明確に断った。解剖の範囲を内臓および脳に限定して承諾したのである。

丙山医師らは遺族の承諾を得て、大学の病理学教室に花子の遺体の解剖を依頼し、翌二一日に、同教室の丙川医師によって花子の遺体の解剖が行われた。その際に、花子の胸骨、椎体骨《ついたいこつ》も採取された。原告の主張によれば、二〇から三〇センチの長さの骨二本であった。

甲野春男と太郎らは解剖が行われた同日に、病院から保存された花子の内臓および脳のそれぞれの一部を除いて、遺体の引渡しを受けた。

病院は、保存された臓器から取り出した組織をパラフィンのなかに埋め込み、パラフィンブロックを作製し、さらにブロックを薄切りにしてガラスに貼り付けた顕微鏡標本プレパラートも作製し、保存した。

花子の相続人の夫・春男と二人のあいだの子である太郎が原告となって、裁判が行われた。春男はのちに死去したため、判決が出された時点での原告は太郎であった。原告は「肉眼標本および顕微鏡標本のすべてを含む花子の遺体の全部の返還を受けて、手厚く葬り、花子が永遠の眠りにつくことを望んで」、本件訴えを提起したのである。

被告となったY病院は、次のように反論している。花子の死体の一部を標本として保存することを原告は承諾したから、標本を保存することができる。しかも、採取した組織の量は僅少であって、追憶の念を呼び起こす性質も希薄である。公衆衛生の向上及び医学の教育・研究という正当な目的で標本を保存している被告に対して、僅少な顕微鏡標本である本件標本の返還を求めることは、権利濫用に当たり許されない。

さて、この裁判、もし読者諸氏が裁判官だとしたら、どのような判決を下すだろうか。

判決は、原告の全面的な勝訴となった。

裁判官はまず、原告らの意思に反して椎体骨が採取されたという事実があり、しかもその事実は、被告側の責めに帰すべき事情に起因するとしたうえで、遺体の解剖と保存とに対する遺族の承認に不可欠な、遺族と病院との信頼関係が失われた。そのために、死体の一部を寄付または使用貸借契約を将来に向かって取り消すことができることは明らかであるとした。

また、判決文のなかで、遺族である原告が本件訴訟を提起した目的について、次のように述べられている。原告の目的は、花子の遺体すべての返還を受けてこれを手厚く祭ることにある。医学の教育・研究を目的とする保存法に基づく遺体の標本としての保存は、あくまで遺体に対する遺族の尊崇の念との調和の上に認められるものであり、本件標本が僅少な顕微鏡標本であることから、母の遺体を手厚く祭ることを目的に本件臓器等の返還を求める原告の請求が不当であるとすることはできない。

このような判決を得て、標本を含めて花子の遺体の一部は、その遺族である太郎の手元に戻ったのである。

†死体の浄化を求める日本人

最後に、原告が訴訟を提起した理由を想像してみたい。花子の死後、夫の春男らが指と背骨の採取を拒否したうえで、解剖の範囲を内臓と脳とに限定したのは、遺骨には手をつけてもらいたくない、という想いから発しているのであろう。原告の甲野春男と太郎とは、花子の供養のために、たとえわずかな断片であろうとも、遺体を完全に取り戻すことを求めている。そこで思い起こされるのは、本書の第四章で取り上げた日航機墜落事故の死体に対する遺族の想いである。

クリスチャンの遺族は死体にこだわらなかった。日本人の場合は、これらの態度とはまるっきり異なっていた。完全に五体そろった遺体に固執するのである。遺体の顔かたちがはっきりしていて、身元確認が容易であったとしても、もし、片足が欠けていたら「徹底的にその片足を探してほしい」というだろう。

日本の伝統では、僧侶などの聖職者が死体を儀式によって浄化し、死体から死者を切り離すことで、共同体に対する危険性を死体から取り除く。しかし、恐ろしい死体を聖職者のもとに運ぶ責務は、多くの場合は親族、身寄りのない死体については落語「らくだ」「黄金餅」などに見られるように、共同体の嘱託《しょくたく》を得たものが担っている。第四章の冒頭で示した日航機墜落事故の後の、一般的な日本人が親族の死体を回収することに心砕く理由は、その責務を全うしなければならないという責任感に由来するものであろう。

　パラフィンブロック・プレパラート顕微鏡標本となったわずかな死体の一部をも、病院に対して返還をもとめる原告の心情の奥底に、すべて集めて浄化しなければならない、という強い意志を、私は感じる。

おわりに――私の死後に残される死体

†渦をまく世界と私

親の死を目の前にして、人は自らの死を思う。

敬虔なクリスチャンであった父が死去し、夫を看取るという責務から解放された安堵のためか、同じ年のうちに母が死去してから、自分自身の死に方を思い、そして死後に残される「死体」について考えるようになった。

私の死後に残される死体を、私はどのように処理してもらいたいのか。この点を述べるためには、まず私自身の宗教観を明らかにする必要があるだろう。

本書の端々で触れているように、私はカトリックの家に生まれた。年少の頃は、日曜には父の自転車の荷台に乗せられて、教会に通っていた。その父が結核を再発して二年ほど入院していた時期に、生来のずぼらさからミサに参加することを怠るようになった。高校時代に一人旅で長崎を訪れたとき、あらためて自分自身はクリスチャンなのかと自問する出来事があった。

ユースホステルで知り合った数人と浦上天主堂を訪ねたとき、ちょうど日曜礼拝が行われていた。ユース仲間と違うのだということを示したいだけの理由で、聖体を拝領してしまった。なんら心の準備もなく、信仰に根ざさないパフォーマンスとして、こうした行為をとったことに、その直後から強い慚愧《ざんき》の念にとらわれるようになった。今後、信仰に確信が持てるまでは、決して聖体拝領は行わないと、決心した。

大学進学の前、私は父の書斎に呼び出された。父は青年期に読んだ『形而上学』という書籍を書架から取り出し、唯物論が間違っているという講義を始めた。私が大学でマルクス主義にかぶれることを、おそらく恐れたのであろう。私は反発しながらも聴いていたが、そのなかで、父の「全知」という言葉への解説だけは、頭に残った。

全知という言葉の意味は、ただ「物事をよく知っている」ということではない。すべてを知っているということは、新たに知ることはないということであり、過去から未来にわたって、いつ・どこで何が起こるのか、知っているということ。つまりその「知」は「変化」することがない。変化がないということは、「時間」を超越しているということになる。

私はのちに歴史学を専攻することになる。歴史学とは「変化」を対象とする学問である。私が歴史を考えるとき、その対極に「全知」を置いて、思考実験を行う。その一端は、拙著『歴史を歴史家から取り戻せ！』（清水書院、二〇一八）に示した。

現在の宇宙論によれば、約一三八万年前のビッグバンによって、この宇宙は誕生したとされる。一〇のマイナス何十乗という、きわめて短い時間のあいだに、宇宙は膨張を始める。そのときに宇宙の姿は「変化」し、「時間」が始まり、そして「全知」が現れる。

また、エントロピー増大の仮説に基づくと、宇宙の終わりが来るという学説もある。解説を加えると、コップのなかの透明な水にドロッとした色水を注いだところをイメージしていただきたい。透明な水のなかで、色水は渦を巻き、しばらくたゆたっている。長い時を経てから、コップをのぞき込んでみる。色水がすっかりと水に溶け込み、薄まった均一の色水で満たされているだろう。それ以上の時が経っても、なんら変化はみられない。このように宇宙のすべての物質とエネルギーとが均一になった状態を、エントロピー熱的死と呼ぶ。これが宇宙の終わりである。

ビッグバンで「時間」が生まれ、熱的死によって「時間」が消えるまで、「全知」はこの宇宙で起きることのすべてを、すでに知っている。

ビッグバンとともにエネルギーが放出され、様々な物質が生成され渦をまいて拡散される。銀河団も渦をまき、一個の銀河も渦をまき、そのなかの太陽系も渦をまき、地球もまた渦をまく。地表では様々な生命が、物質とエネルギーとを受け渡している。渦をまきながら。

そして、「私」という存在も一個の渦だと、私は想念する。私の身体は、その外部からエネルギーと物質とを取り込み、廃熱と排泄物としてそれらを外部へと放り出す。

水面から渦を取り出すことができないように、ビッグバンから今日まで続き、明日へと引き継がれるエネルギーと物質の流れのなかから、この身体を取り出すことはできない。この身体の物質的な運動に支えられて、人格や意識などが出現する。その様子を、「全知」は常に観ている。観られていることを意識しながら、私という渦をいかに見事に巻くことができるか、私は常に自問する。

これが、私の宗教観である。

†生かされているという感覚

「宗教」とは何か。辞書を引くと、様々に定義されているが、私の宗教の定義はいたってシンプルである。

宗教とは、「私は生かされている」という感覚に基づくもろもろの事柄。

何によって「生かされている」のかと問うたときに、様々な宗教の別が現れる。大自然によって、精霊によって、八《や》百万《およろず》の神によって、祖先によって、仏によって、ヤハウェによって、ゴッドによって、アッラーによって……。私の宗教は、そこであえて「何によって」と問わない。

「生かされている」「観られている」という純粋に受動的な感覚から、「いかに生きるべきか」「いかに見せるか」という能動的な意欲へと転移するために、私はカトリックの祈りの言葉を参照する。それは、アシジのフランシスコの祈りの言葉にある。

慰められることよりも、慰めることを、
理解されることよりも、理解することを、
愛されることよりも、愛することを
求めますように。
私たちは与えることによって多くを受け、
ゆるすことによってゆるされ、……

この祈りの言葉から、受動から能動へ、そして能動から再びより高次の受動へと循環する感覚の流れを、私は聴き取る。

一二世紀後半、イタリアのアシジで生まれたフランシスコは、小鳥に語りかけた聖人として知られている。一九七九年には、ローマ教皇ヨハネ・パウロ二世により、「環境保護運動の聖人」とされ、エコロジーの守護聖人となった。

私は幼児洗礼を受けているが、そのときの洗礼名は、この聖人にちなんだものである。私の母は、みすぼらしい身なりの清貧《せいひん》の聖人よりも、貴族出身で見栄えの良い聖人にしないのか、と父に苦言を呈したが、父は頑として譲らなかったという。エコロジカル・ヒストリーを研究している私は、父のこの選択に感謝している。

†死体を大きな循環に戻す

死を境にして、私というこの渦はほどけ始める。死後に残される、ほどけきってしまう前の死体を、ふたたび大きな物質循環の流れのなかに戻したい。エコロジー思想に少し触れた私は、そう考えるようになっている。それはチベットの天葬と水葬への共感となった。

しかし、日本の法律では、天葬は難しい。

「墓地、埋葬等に関する法律」(昭和二三年(一九四八年)法律第四八号)には、

第二条　この法律で「埋葬」とは、死体（妊娠四箇月以上の死胎を含む。以下同じ。）を土中に葬ることをいう。
２　この法律で「火葬」とは、死体を葬るために、これを焼くことをいう。
（中略）
第四条　埋葬又は焼骨の埋蔵は、墓地以外の区域に、これを行つてはならない。

とあり、土のなかに死体を埋める埋葬と、死体を焼く火葬しか掲げられておらず、その場所も指定されている。チベット式の天葬を日本の山中で行ったとしたら、間違いなく死体損壊・死体遺棄として、私の意思を実現しようとした人は摘発される。

水葬については、可能な場合がある。「船員法」（昭和二二年〔一九四七年〕法律第一〇〇号）で、いくつかの条件を満たせば「船長は、船舶の航行中船内にある者が死亡したときは、国土交通省令の定めるところにより、これを水葬に付することができる」（同法・第一五条）と述べられているのが、その法的根拠である。しかし、水葬は法的に可能だとしても、死期を悟ってから乗船して、公海で息を引き取ってから死体を水葬してもらうことは迷惑であろうし、実質的には不可能だろう。

†臓器移植法の今

私の死後に残された死体について、今は次のような段取りを希望している。死体は渦をまく力を失っているものの、いくつかの臓器はしばらくのあいだ、渦の余韻を残している。まず、移植できる臓器については、「臓器移植に関する法律」(以下、臓器移植法)に基づいて、重い病気や事故などにより臓器の機能が低下した人に提供する。

この法律は一九九七年に成立し、同年一〇月一六日に施行された。なお臓器移植法の成立過程では、脳死を人の死とするか否かで、大きな論争を巻き起こしたが、この問題には本書では言及しない。

その第六条で、死者が生存中に臓器を移植のために提供する意思を書面によって示し、遺族が臓器摘出を拒まないか、遺族がいないときに、臓器摘出を認めるとある。前章で紹介した「角膜腎臓移植法」と同じように、私が臓器摘出を希望しても、親族がはっきりと拒否の意思を示す場合には、臓器移植は行われないことになる。本人の生前の意思よりも、遺族の意思が優先することには、変化はなかった。

一九九七年に施行された臓器移植法では、脳死後の臓器提供は、本人の生前の書面による意思表示がない限り臓器提供ができないとされ、その書面での有効性を遺言可能年齢に準じて一五歳以上としたため、一五歳未満の脳死後の臓器提供は法的に行うことができなかった。そのため、年少者の場合には、海外で臓器移植を行うしか方法がなかった。

国際移植学会で、自国内での臓器移植の取り組みを強化するように求める「イスタンブール宣言」が、二〇〇八年に採択されると、年少者への臓器移植を国内で行えるように法を整備することが、切実な問題と意識されるようになった(日本臓器移植ネットワーク『日本の移植事情』二〇一八)。

こうした動きを受けて、二〇〇九年七月に国会審議を経て、「臓器の移植に関する法律の一部を改正する法律」が成立し、二〇一〇年に施行された。死者の生前の意思が不明な場合でも、家族の承諾があれば臓器摘出が可能となっている。改正の結果、幼少の患者を救う道が開かれたことになる。

現在、臓器提供の意思の登録は、とても簡便に行えるようになっている。インターネット上に置かれた日本臓器移植ネットワークの臓器提供意思登録サイトから登録する方法、運転免許証や健康保険証・マイナンバーカードの臓器提供意思表示欄に記入する方法、そして役場窓口や一部の病院などに置かれている「臓器提供意思表示カード」に記入する方法である。

私は家族と相談のうえ、臓器提供の意思を健康保険証と運転免許証の裏面に記載した。

また資料とともに登録カードを請求して入手したので、これにも記入して自宅常備用とすることにした。

ただ、臓器ごとに移植に望ましい年齢があり、心臓は五〇歳以下、膵臓《すいぞう》・小腸は六〇歳以下となっている。六〇歳を超えている私の死後に残る死体の場合、腎臓・肺（七〇歳以下）と肝臓（明記されていない）ぐらいが、かろうじて移植の対象となるようだ。

移植のために臓器を摘出した後の死体は、東京に住む限り土葬は難しく、火葬に付すしかないだろう。残った遺骨は、できれば自然葬を希望する。

あとがき

本書の骨格は、一九九〇年にすでにできあがっていた。農村社会の歴史をたどるために、『農民日報』を閲覧していたときに、新華社《しんかしゃ》の記者であった張玉林《ちょうぎょくりん》・解国記《かいこくき》の記名記事「一具冤尸与一個流亡政府」「文有結束、残酷殴打蔡発旺的有関責任者受到査処」（一九八九）と出会った。清代の図頼との共通点が、すぐに頭をよぎり、なぜ三〇〇年もの時を隔てながら、同じような事件が起きるのか、考え始めたのである。

最初に発表した場は、平成四・五年度科学研究費補助金「日本人の死生観・他界観の比較文化的研究――伝統と変容」によるシンポジウムであった。この報告は、研究代表の小西正捷《まさとし》氏をはじめとして科研メンバーから、「おもしろい」と評価された。

評価が高かったことに背中を押され、この論考を発展させた論文「そこにある死体――事件理解の方法」を、東京大学東洋文化研究所の紀要『東洋文化』第七六号（一九九六）

の特集「東アジアにおける人類学と歴史研究」のなかの一本として発表した。この特集は漢族社会の文化人類学を切り開いた末成道男《すえなりみちお》氏が企画したもので、人類学と歴史とのあいだを橋渡ししょうとするものであった。この論文は中国研究者にも着目され、王暁葵《おうぎょうき》訳「被展示的尸体」(孫江主編『事件・記憶・叙述』浙江人民出版社、二〇〇四)として翻訳された。

論文としてまとめ終え、個人的にはもう過去の研究成果としていたところ、冷凍棺で保存された少女の死体の記事との出会いがあった。そのときに死体をめぐる事件を、中国の単なる「奇習」として扱ってはいけない、これを手がかりに日本の死体をめぐる状況の異様さを掘り下げなければならない、と強く感じたのである。日本では、なぜ徹底的に死体が見えないものにされるのか、という問題である。

日本について調べるに当たっては、多くの方に教えを乞うた。中世については同僚の佐藤雄基《ゆうき》氏、近世については研究室が隣り合う後藤雅知氏、また落語「らくだ」については、高校の同級生であった黒田絵美子氏(中央大学総合政策学部教授)と立教大学大学院で日本近世文化史を専攻する院生の清水乃梨子《のりこ》氏にご教示いただいた。死体をめぐる法律については、法曹の道に進んだ甥の横山寛氏に、参考文献を送っていただいた。

比較文化史を行う場合、二つの文化を並べるだけでは不十分である。二つだけだと、片方にあるものが他方にない、といった二項対立に陥り、筆者の意図とは別に、文化に優劣をつける結果になりかねない。したがって、比較には三つ以上の対象が必要となる。

そこで日中のほかの第三の死体論として、また私自身の死体観を示すため、キリスト教を取り上げることとした。この課題については、同僚の西原廉太《れんた》氏（キリスト教学科教授）、廣石望《ひろいしのぞむ》氏（同教授）からアドバイスをいただいた。

死体をめぐって取り上げたいトピックは、まだ多くある。

一つはタイである。一九九〇年代に私は比較文化史の観点から、生まれ育った日本と留学した中国のほかに、もう一つのフィールドを求め、タイについて学ぼうと考えた。数度にわたって旅行するとともに、タイから来た留学生のレクチャーを受けて、タイ語も学んだ。しかし、タイの文字の複雑さというハードルを越えられず、ついに断念した。

タイに行くと、今もあるかどうかわからないが、当時はいわゆる「ビニ本」が売店で売られていた。ヌード写真集と並んで変死体の写真を集めた雑誌が、ビニールの袋に詰めて置かれていたことが、強烈な印象として目に焼き付いている。また、タイ語で「ピー」と呼ばれる精霊、あるいは妖怪に対する信仰は、死体と深い関わり合いがある。日本の仏教や、本書で取り上げたチベット仏教は大乗仏教であるが、タイに代表される上座部《じょうざぶ》仏教における死体観については、別途、研究する必要があるだろう。これからも、多くの方に教えを請うことになるかもしれない。

本書の執筆の途中で、パソコンのキーボードを放り出して、昨年九月から三カ月ほどフィリピンへ調査に出かけていた。一一月二日は、カトリックの「死者の日」である。前日の一日は「諸聖人の日（万聖節《ばんせいせつ》）」とされ、すべての聖人に対するミサが行われる。翌朝は早くから家族・一族をあげて墓参りをし、墓を掃除した後に花を捧げ、親族が集って過ごす。多くの墓は土葬なのであろう、遺体が横たわる大きな箱形の墓のなかにはひさしで覆われたものもあった。日本のお彼岸とお盆をいっしょにしたような行事で、中国の清明《せいめい》節《せつ》を思わせる光景であった。

フィリピンからの帰国後、筑摩書房編集局の松田健氏の激励のお言葉がなければ、本書は日の目を見なかったかもしれない。また、小見出しの案を立て、編集作業を行っていただいた同編集局の山本拓氏にも、大変にお世話になった。この場を借りて、お礼を申し上げたい。

本書を執筆しているあいだに、自分自身の死後に残された死体をどうしたいのか、具体的なイメージが、徐々に形づくられていくことがわかった。死すべきものとして生まれたすべての存在にとって、死後の死体の行方は、それぞれが直面するテーマとなるだろう。本書が読者のみなさんが考えていく際の、小さな手がかりになっていれば、これほどうれしいことはない。

二〇一九年二月

上田信

ちくま新書
1410

死体《したい》は誰《だれ》のものか
——比《ひ》較《かく》文《ぶん》化《か》史《し》の視《し》点《てん》から

二〇一九年五月一〇日　第一刷発行

著者　上田 信（うえだ・まこと）
発行者　喜入冬子
発行所　株式会社 筑摩書房
東京都台東区蔵前二-五-三　郵便番号一一一-八七五五
電話番号〇三-五六八七-二六〇一（代表）
装幀者　間村俊一
印刷・製本　株式会社 精興社

ISBN978-4-480-07224-5 C0239

1098
古代インドの思想
——自然・文明・宗教
山下博司
インダス文明の謎とヒンドゥー教の萌芽。アーリヤ人侵入とヴェーダの神々。ウパニシャッドから仏教・ジャイナ教へ……。多様性の国の源流を、古代世界に探る。

1087
日本人の身体
安田登
本来おおざっぱで曖昧であったがゆえに、他人や自然と共鳴できていた日本人の身体観を、古今東西の文献を検証しつつ振り返り、現代の窮屈な身体観から解き放つ。

1192
神話で読みとく古代日本
——古事記・日本書紀・風土記
松本直樹
古事記、日本書紀、風土記という〈神話〉を丁寧に読みとくと、古代日本の国家の実像が見えてくる。精神史上の「日本」誕生を解明する、知的興奮に満ちた一冊。

864
歴史の中の『新約聖書』
加藤隆
『新約聖書』の複雑な性格を理解するには、その成立までの経緯を知る必要がある。一神教的伝統、イエスの意義、初期キリスト教の在り方までをおさえて読む入門書。

1284
空海に学ぶ仏教入門
吉村均
空海の教えにこそ、伝統仏教の教義の核心が凝縮されている。弘法大師が説く、苦しみから解放される心のあり方「十住心」に、真の仏教の教えを学ぶ画期的入門書。

1272
入門　ユダヤ思想
合田正人
世界中に散りつつ一つの「民族」の名のもとに存続するユダヤ。居場所とアイデンティティを探求するその英知とは？　起源・異境・言語等、キーワードで核心に迫る。

1325
神道・儒教・仏教
——江戸思想史のなかの三教
森和也
江戸の思想を支配していた神道・儒教・仏教にこそ、現代人の思考の原風景がある。これら三教が交錯しつつ形作っていた豊かな思想の世界を丹念に読み解く野心作。

ちくま新書

445 禅的生活 玄侑宗久
禅とは自由な精神だ！　禅語の数々を紹介しながら、言葉では届かない禅的思考の境地へ誘う。窮屈な日常に変化をもたらし、のびやかな自分に出会う禅入門の一冊。

1126 骨が語る日本人の歴史 片山一道
縄文人は南方起源ではなく、じつは「弥生人顔」も存在しなかった。骨考古学の最新成果に基づき、歴史学の通説を科学的に検証。日本人の真実の姿を明らかにする。

1169 アイヌと縄文 ――もうひとつの日本の歴史 瀬川拓郎
北海道で縄文の習俗を守り通したアイヌ。その文化から日本列島人の原郷の思想を明らかにし、日本人にとって、ありえたかもしれないもうひとつの歴史を再構成する。

1227 ヒトと文明 ――狩猟採集民から現代を見る 尾本恵市
人類はいかに進化を遂げ、文明を築き上げてきたか。遺伝人類学の大家が、人類の歩みや日本人の起源を多角的に検証。狩猟採集民の視点から現代の問題を照射する。

1291 日本の人類学 山極寿一 尾本恵市
人類はどこから来たのか？　ヒトはなぜユニークなのか？　東大の分子人類学と京大の霊長類学を代表する二大巨頭が、日本の人類学の歩みと未来を語り尽くす。

1330 神道入門 ――民俗伝承学から日本文化を読む 新谷尚紀
神道とは何か。古代の神祇祭祀に仏教・陰陽道・道教など多様な霊験信仰を混淆しつつ、国家神道を経て今日の形に至るまで。その中核をなす伝承文化と変遷を解く。

1403 ともに生きる仏教 ――お寺の社会活動最前線 大谷栄一 編
「葬式仏教」との批判にどう応えるか。子育て支援、グリーフケアと終活、アイドル育成、NPOとの協働、貧困対策。社会に寄り添う仏教の新たな可能性を探る。